日本共産党

改定綱領の用語解説

『月刊学習』編集部 編

日本共産党中央委員会出版局

『日本共産党　改定綱領の用語解説』刊行にあたって

日本共産党は、二〇二二年、党創立一〇〇周年を迎えます。国民のなかにしっかりと根づいた党の歴史に揺るぎない確信をもちつつ、新しい歴史を築く道に踏み出していくことが求められています。その責任を果たす力をつけるために、二〇二〇年の第二八回党大会で一部改定された党綱領を学ぶ課題があります。第四回中央委員会総会（二〇二一年一一月）は、「綱領学習にとりくみ、みんなが自分の言葉で綱領と理念、歴史を語れる党に」と呼びかけています。

党綱領は、何よりも国民の苦難の打開に取り組み、日本の政治のゆがみの根本にメスを入れる変革の道を提案しています。選挙で示された国民多数の意思にもとづき、国民共同の力で社会変革を進める路線を明示しています。世界の本流に働きかけ逆流とたたかう方針、資本主義をのりこえる未来社会への展望を掲げています。今日、一部改定された重要な内容を含め、この党綱領の全体を学ぶことが大切になっています。

本書は、二〇二〇年一二月の第二回中央委員会総会の討論で出された、「綱領全体を学ぶうえでの学習教材がほしい」との要望にこたえた教材の一つで、『月刊学習』に「改定綱領の基本用語の解説」として連載（二〇二〇年七月号～二〇二一年一月号、三～五月号）したものに、一部補正を加えました。新入党員教育での説明・質疑をはじめ、独習、支部の綱領講座、地区党学校、都道府県党学校など、多様なかたちで活用されることを望みます。

二〇二一年一二月

『月刊学習』編集部

目次

二、現在の日本社会の特質

五、社会主義・共産主義の社会をめざして

日本共産党綱領

（第二八回党大会　二〇二〇年一月一八日採択）

（傍線は解説がある用語、数字は掲載ページ）

一、戦前の日本社会と日本共産党

（一）日本共産党は、わが国の[38]進歩と変革《へんかく》の伝統を受けつぎ、[38]日本と世界の人民の解《かい》放闘争《ほうとうそう》の高まりのなかで、一九二二年七月一五日、[39]科学的社会主義《かがくてきしゃかいしゅぎ》を理論的な基礎とする政党として、創立された。

当時の日本は、世界の主要な[40]独占資本主義国《どくせんしほんしゅぎこく》の一つになってはいたが、[40]国を統治《とうち》する全権限《ぜんけんげん》を天皇が握《にぎ》る専制政治《せんせいせいじ》（絶対主義的天皇制《ぜつたいしゅぎてきてんのうせい》）がしかれ、国民から権利と自由を奪うとともに、農村では重い小作料《こさくりょう》で耕作農民をしめつける[41]半封建的《はんほうけんてき》な地主制度《じぬしせいど》が支配し、独占資本主義も[41]労働者の無権利と過酷《かこく》な搾取《さくしゅ》を特徴としていた。この体制のもと、日本は、アジアで唯一《ゆいいつ》の帝国主義国《ていこくしゅぎこく》として、[41]アジア諸国にたいする侵略《しんりゃく》と戦争の道を進んでいた。

党は、この状況を打破《だは》して、まず平和で民主的な日本をつくりあげる民主主義革命《みんしゆしゆぎかくめい》[42]を実現することを当面の任務とし、ついで社会主義革命《しやかいしゆぎかくめい》に進むという方針のもとに活動した。

（二）党は、日本国民を無権利状態においてきた天皇制の専制支配を倒し、主権在民《しゆけんざいみん》[42]、国民の自由と人権をかちとるためにたたかった。

党は、半封建的な地主制度をなくし、土地を農民に解放するためにたたかった。

党は、とりわけ過酷な搾取によって苦しめられていた労働者階級《ろうどうしやかいきゆう》の生活の根本的な改善、すべての勤労者、知識人、女性、青年の権利と生活の向上のためにたたかった。

党は、進歩的、民主的、革命的な文化の創造と普及[43]のためにたたかった。

党は、ロシア革命[44]と中国革命[45]にたいする日本帝国主義の干渉《かんしよう》戦争[44]、中国にたいする侵略戦争に反対し、世界とアジアの平和のためにたたかった。

党は、日本帝国主義の植民地《しよくみんち》[46]であった朝鮮、台湾の解放と、アジアの植民地・半植民地[46]諸民族の完全独立を支持してたたかった。

（三）日本帝国主義は、一九三一年、中国の東北部への侵略戦争を、一九三七年には中国への全面侵略戦争を開始して、第二次世界大戦[47]に道を開く最初の侵略国家となった。一九四〇年、ヨーロッパにおけるドイツ、イタリアのファシズム国家と軍事同盟《ぐんじどうめい》を結成し、一九四一年には、中国侵略の戦争をアジア・太平洋全域に拡大して、第二次世界大戦の推進者となった。

帝国主義戦争と天皇制権力の暴圧によって、国民は苦難《くなん》を強《し》いられた。党の活動には重大な困難があり、つまずきも起こったが、[47]多くの日本共産党員は、迫害《はくがい》や投獄《とうごく》に屈することなく、さまざまな裏切りともたたかい、党の旗を守って活動した。このたたかいで少なからぬ党員が弾圧《だんあつ》のため生命を奪われた。

他のすべての政党が侵略と戦争、反動の流れに合流するなかで、日本共産党が平和と民主主義の旗を掲げて不屈《ふくつ》にたたかい続けたことは、[48]日本の平和と民主主義の事業にとって不滅の意義をもった。

侵略戦争は、二千万人をこえるアジア諸国民と三百万人をこえる日本国民の生命を奪った。この戦争のなかで、[49]沖縄は地上戦の戦場となり、日本本土も全土にわたる空《くう》襲《しゅう》で多くの地方が焦土《しょうど》となった。一九四五年八月には、アメリカ軍によって広島、長崎に世界最初の原爆が投下され、その犠牲者《ぎせいしゃ》は二十数万人にのぼり（同年末までの人数）、日本国民は、核兵器の惨害《さんがい》をその歴史に刻み込んだ被爆《ひばく》国民となった。

[49]ファシズムと軍国主義《ぐんこくしゅぎ》の日独伊三国同盟が世界的に敗退するなかで、一九四五年八月、日本帝国主義は敗北し、日本政府は[50]ポツダム宣言を受諾《じゅだく》した。反ファッショ連合国によるこの宣言は、軍国主義の除去と民主主義の確立を基本的な内容としたもの

で、日本の国民が進むべき道は、平和で民主的な日本の実現にこそあることを示した。これは、党が不屈に掲げてきた方針が基本的に正しかったことを、証明したものであった。

二、現在の日本社会の特質

(四)第二次世界大戦後の日本では、いくつかの大きな変化が起こった。

第一は、日本が、独立国としての地位[51]を失い、アメリカへの事実上の従属国《じゅうぞくこく》の立場になったことである。

敗戦後の日本は、反ファッショ連合国を代表するという名目《めいもく》で、アメリカ軍の占《せん》領《りょう》下《か》におかれた。アメリカは、その占領支配をやがて自分の単独支配に変え、さらに一九五一年に締結《ていけつ》されたサンフランシスコ平和条約[51]と日米安保条約《にちべいあんぽじょうやく》では、沖縄の占領支配を継続[52]するとともに、日本本土においても、占領下に各地につくった米軍基地の主要部分を存続させ、アメリカの世界戦略の半永久的《はんえいきゅうてき》な前線基地《ぜんせんきち》という役割を日本に押しつけた。日米安保条約は、一九六〇年に改定されたが、それは、日本の従属的な地位を改善するどころか、基地貸与条約《きちたいよじょうやく》という性格[52]にくわえ、有事のさいに米軍と共同して戦う日米共同作戦条項《じょうこう》や日米経済協力の条項などを新しい柱として盛り込み、[53]日本をアメリカの戦争にまきこむ対米従属的《たいべいじゅうぞくてき》な軍事同盟《ぐんじどうめい》条約に改悪・強化したものであった。

第二は、日本の政治制度における、天皇絶対の専制政治《せんせいせいじ》から、[54]主権在民《しゅけんざいみん》を原則とする民主政治への変化である。この変化を代表したのは、一九四七年に施行《しこう》された日本《にほん》国憲法《こくけんぽう》である。この憲法は、主権在民、戦争の放棄《ほうき》、国民の基本的人権、[54]国権《こっけん》の最高機関としての国会の地位、地方自治など、民主政治の柱となる[55]一連の民主的平和的な条項を定めた。[55]形を変えて天皇制の存続を認めた天皇条項は、民主主義《みんしゅしゅぎ》の徹底に逆行する弱点を残したものだったが、そこでも、天皇は「国政に関する権能《けんのう》を有しない」ことなどの制限条項が明記された。

この変化によって、日本の政治史上はじめて、国民の多数の意思にもとづき、国会を通じて、社会の進歩と変革を進めるという道すじが、制度面で準備されることになった。

第三は、戦前、天皇制の専制政治とともに、日本社会の半封建的《はんほうけんてき》な性格の根深い根源となっていた半封建的な地主制度《じぬしせいど》が、[56]農地改革《のうちかいかく》によって、基本的に解体されたことである。このことは、日本独占資本主義《どくせんしほんしゅぎ》に、その発展のより近代的な条件を与え、戦後の急成長を促進《そくしん》する要因の一つとなった。

日本は、これらの条件のもとで、世界の独占資本主義国の一つとして、大きな経済的発展をとげた。しかし、経済的な高成長にもかかわらず、アメリカにたいする従属的な同盟という対米関係の基本は変わらなかった。

（五）わが国は、高度に発達した資本主義国でありながら、国土や軍事などの重要な部分をアメリカに握《にぎ》られた事実上の従属国となっている。

わが国には、戦争直後の全面占領の時期につくられたアメリカ軍事基地の大きな部分が、半世紀を経ていまだに全国に配備され続けている。なかでも、敗戦直後に日本本土から切り離されて米軍の占領下におかれ、サンフランシスコ平和条約でも占領支配の継続が規定された沖縄は、アジア最大の軍事基地[57]とされている。沖縄県民を先頭にした国民的なたたかいのなかで、一九七二年、施政権返還《しせいけんへんかん》[58]がかちとられたが、米軍基地の実態は基本的に変わらず、沖縄県民は、米軍基地のただなかでの生活を余儀《よぎ》なくされている。アメリカ軍は、わが国の領空、領海をほしいままに踏みにじって[58]おり、広島、長崎、ビキニ[59]と、国民が三たび核兵器の犠牲《ぎせい》とされた日本に、国民に隠して核兵器持ち込みの「核密約《かくみつやく》」[59]さえ押しつけている。

日本の自衛隊は、事実上アメリカ軍の掌握《しょうあく》と指揮のもとにおかれて[60]おり、アメリカの世界戦略の一翼を担《にな》わされている。

アメリカは、日本の軍事や外交に、依然として重要な支配力をもち、経済面でもつねに大きな発言権を行使している。日本の政府代表は、国連その他国際政治の舞台で、[60]しばしばアメリカ政府の代弁者の役割を果たしている。

日本とアメリカとの関係は、対等・平等の同盟関係では決してない。日本の現状は、発達した資本主義諸国のあいだではもちろん、植民地《しょくみんち》支配《しはい》が過去のものとなった今日の世界の国際関係のなかで、きわめて異常な国家的な対米従属の状態にある。アメリカの対日支配は、明らかに、アメリカの世界戦略とアメリカ独占資本主義の利益のために、日本の主権と独立を踏みにじる帝国主義的《ていこくしゅぎてき》な性格のものである。

(六)日本独占資本主義は、戦後の情勢のもとで、[61]対米従属的な国家独占資本主義として発展し、国民総生産では、早い時期にすべてのヨーロッパ諸国を抜き、アメリカに次ぐ地位に到達するまでになった。その中心をなす少数の大企業は、大きな富をその手に集中して、巨大化と多国籍企業化《たこくせききぎょうか》の道を進むとともに、日本政府をその強い影響のもとに置き、国家機構の全体を自分たちの階級的利益の実現のために最大限に活用してきた。国内的には、大企業・財界が、アメリカの対日支配と結びついて、日本と国民を支配する中心勢力の地位を占めている。

大企業・財界の横暴な支配のもと、国民の生活と権利にかかわる多くの分野で、ヨーロッパなどで常識となっているルールがいまだに確立していないことは、日本社会の重大な弱点となっている。労働者は、[62]過労死《かろうし》さえもたらす長時間・過密労働《かみつろうどう》や著しく差別的な不安定雇用に苦しみ、多くの企業で[63]「サービス残業」という違法の搾取《さくしゅ》方式までが常態化している。雇用保障でも、[64]ヨーロッパのような解雇《かいこ》規制《きせい》の立法も存在しない。

[64]女性差別の面でも、国際条約に反するおくれた実態が、社会生活の各分野に残って、国際的な批判を受けている。[65]公権力による人権の侵害をはじめ、さまざまな分野での国民の基本的人権の抑圧《よくあつ》も、重大な状態を残している。

日本の工業や商業に大きな比重を占め、[66]日本経済に不可欠の役割を担う中小企業は、大企業との取り引き関係でも、金融面、税制面、行政面でも、不公正な差別と抑圧を押しつけられ、不断《ふだん》の経営悪化に苦しんでいる。農業は、自立的な発展に必要な保障を与えられないまま、「貿易自由化」の嵐にさらされ、食料自給率《しょくりょうじきゅうりつ》が発達した資本主義国で最低の水準に落ち込み、農業復興《ふっこう》の前途《ぜんと》を見いだしえない状況が続いている。

国民全体の生命と健康にかかわる環境問題でも、大企業を中心とする利潤《りじゅん》第一の生産と開発の政策は、自然と生活環境の破壊を全国的な規模で引き起こしている。

日本政府は、大企業・財界を代弁して、大企業の利益優先の経済・財政政策を続けてきた。日本の財政支出の大きな部分が大型公共事業など大企業中心の支出と軍事費とに向けられ、社会保障への公的支出が発達した資本主義国のなかで最低水準にとどまるという「逆立《さかだ》ち」財政は、その典型的な現われである。

その根底には、反動政治家や特権官僚[66]と一部大企業との腐敗した癒着《ゆちゃく》・結合がある。絶えることのない汚職・買収・腐敗の連鎖は、日本独占資本主義と反動政治の腐《ふ》朽《きゅう》の底深さを表わしている。

日本経済にたいするアメリカの介入は、これまでもしばしば日本政府の経済政策に誤った方向づけを与え、日本経済の危機と矛盾《むじゅん》の大きな要因となってきた。「グローバル化（地球規模化）」の名のもとに、アメリカ式の経営モデルや経済モデルを外から強引に持ち込もうとする企《くわだ》ては、日本経済の前途にとって、いちだんと有害で危険なものとなっている。

これらすべてによって、日本経済はとくに基盤の弱いものとなっており、二一世紀の世界資本主義の激動する情勢のもとで、日本独占資本主義の前途には、とりわけ激しい矛盾と危機が予想される。

日本独占資本主義と日本政府は、アメリカの目したの同盟者としての役割を、軍事、外交、経済のあらゆる面で積極的、能動的に果たしつつ、アメリカの世界戦略に日本をより深く結びつける形で、自分自身の海外での活動を拡大しようとしている。

軍事面でも、日本政府は、アメリカの戦争計画の一翼を担いながら、自衛隊の海外派兵の範囲と水準を一歩一歩拡大し、海外派兵を既成事実《きせいじじつ》化するとともに、それをテコに有事立法や集団的自衛権《しゅうだんてきじえいけん》行使への踏み込み、憲法改悪など、軍国主義《ぐんこくしゅぎ》復活の動きを推進する方向に立っている。軍国主義復活をめざす政策と行動は、[67]アメリカの先《せん》制攻撃戦略《せいこうげきせんりやく》と結びついて展開され、アジア諸国民との対立を引き起こしており、アメリカの前線基地の役割とあわせて、日本を、[68]アジアにおける軍事的緊張の危険な震《しん》源地《げんち》の一つとしている。

対米従属と大企業・財界の横暴な支配を最大の特質とするこの体制は、日本国民の根本的な利益とのあいだに解決できない多くの矛盾をもっている。その矛盾は、二一世紀を迎えて、ますます重大で深刻なものとなりつつある。

三、二一世紀の世界

(七)二〇世紀は、独占資本主義《どくせんしほんしゆぎ》、帝国主義《ていこくしゆぎ》の世界支配をもって始まった。この世紀のあいだに、人類社会は、二回の世界大戦、ファシズムと軍国主義《ぐんこくしゆぎ》、一連の侵略《しんりやく》戦争など、世界的な惨禍《さんか》を経験したが、諸国民の努力と苦闘《くとう》を通じて、それらを乗り越え、人類史の上でも画期《かつき》をなす巨大な変化が進行した。

多くの民族を抑圧《よくあつ》の鎖のもとにおいた植民地体制《しよくみんちたいせい》は完全に崩壊し、[70]民族の自決権は公認の世界的な原理という地位を獲得し、百を超える国ぐにが新たに政治的独立をかちとって主権国家となった。これらの国ぐにを主要な構成国とする[70]非同盟諸国会議《ひどうめいしよこくかいぎ》は、国際政治の舞台で、平和と民族自決の世界をめざす重要な力となっている。[71]国民主権の民主主義の流れは、世界の大多数の国ぐにで政治の原則となり、世界政治の主流となりつつある。人権の問題では、自由権とともに、社会権の豊かな発展のもとで、国際的な人権保障の基準がつくられてきた。[72]人権を擁護《ようご》し発展させることは国際的な課題となっている。

[72]国際連合の設立とともに、戦争の違法化《いほうか》が世界史の発展方向として明確にされ、戦争を未然《みぜん》に防止する平和の国際秩序《こくさいちつじょ》の建設が世界的な目標として提起された。二〇世紀の諸経験、なかでも侵略戦争やその企《くわだ》てとのたたかいを通じて、平和の国際秩序を現実に確立することが、世界諸国民のいよいよ緊急切実な課題となりつつある。

これらの巨大な変化のなかでも、植民地体制の崩壊は最大の変化であり、それは世界の構造を大きく変え、民主主義と人権、平和の国際秩序の発展を促進《そくしん》した。

（八）一九一七年にロシアで十月社会主義革命《じゅうがつしゃかいしゅぎかくめい》が起こり、第二次世界大戦後には、アジア、東ヨーロッパ、ラテンアメリカの一連の国ぐにが、資本主義からの離脱《りだつ》の道に踏み出した。

最初に社会主義への道に踏み出したソ連では、レーニンが指導した最初の段階においては、おくれた社会経済状態からの出発という制約にもかかわらず、また、少なくない試行錯誤《しこうさくご》をともないながら、[73]真剣に社会主義をめざす一連の積極的努力が記録された。とりわけ民族自決権の完全な承認を対外政策の根本にすえたことは、世界の植民地体制の崩壊を促すものとなった。

しかし、レーニン死後、スターリンをはじめとする歴代指導部は、社会主義の原則を投げ捨てて、対外的には、他民族への侵略と抑圧という覇権主義《はけんしゅぎ》の道、国内的には、国民から自由と民主主義を奪い、勤労人民を抑圧する官僚主義《かんりょうしゅぎ》・専制主義《せんせいしゅぎ》の道を進んだ。「社会主義」の看板を掲げておこなわれただけに、これらの誤りが世界の平和と社会進歩の運動に与えた否定的影響は、とりわけ重大であった。

日本共産党は、科学的社会主義《かがくてきしゃかいしゅぎ》を擁護する[73]自主独立《じしゅどくりつ》の党として、日本の平和と社会進歩の運動にたいするソ連覇権主義の干渉《かんしょう》にたいしても、[74]チェコスロバキアやアフガニスタンにたいするソ連の武力侵略にたいしても、断固としてたたかいぬいた。

ソ連とそれに従属《じゅうぞく》してきた東ヨーロッパ諸国で一九八九〜九一年に起こった支配体制の崩壊は、社会主義の失敗ではなく、社会主義の道から離れ去った覇権主義と官僚主義・専制主義の破産であった。これらの国ぐにでは、革命の出発点においては、社会主義をめざすという目標が掲げられたが、指導部が誤った道を進んだ結果、社会の実態としては、[75]社会主義とは無縁な人間抑圧型の社会として、その解体を迎えた。

ソ連覇権主義という歴史的な巨悪《きょあく》の崩壊は、大局的な視野で見れば、世界の平和と社会進歩の流れを発展させる新たな契機となった。それは、世界の革命運動の健全な発展への新しい可能性を開く意義をもった。

(九)植民地体制の崩壊と百を超える主権国家の誕生という、二〇世紀に起こった世界の構造変化は、二一世紀の今日、平和と社会進歩を促進する生きた力を発揮しはじめている。

一握りの大国が世界政治を思いのままに動かしていた時代は終わり、世界のすべての国ぐにが、対等・平等の資格で、世界政治の主人公になる新しい時代が開かれつつある。諸政府とともに市民社会[76]が、国際政治の構成員《こうせいいん》として大きな役割を果たしていることは、新しい特徴である。

「ノーモア・ヒロシマ、ナガサキ(広島・長崎をくりかえすな)」という被爆者《ひばくしゃ》の声、核兵器廃絶《はいぜつ》を求める世界と日本の声は、国際政治を大きく動かし、人類史上初めて核兵器を違法化する核兵器禁止条約《きんしじょうやく》[76]が成立した。核兵器を軍事戦略《ぐんじせんりゃく》の柱にすえて独占体制を強化し続ける核兵器固執《こしつ》勢力[77]のたくらみは根づよいが、この逆流は、「核兵器のない世界」をめざす諸政府、市民社会によって、追い詰められ、孤立しつつある。

東南アジアやラテンアメリカで、平和の地域協力《ちいききょうりょく》[78]の流れが形成され、困難や曲折《きょくせつ》を経ながらも発展している。これらの地域が、紛争の平和的解決をはかり、大国の支配に反対して自主性を貫き、非核地帯条約《ひかくちたいじょうやく》を結び核兵器廃絶の世界的な源泉《げんせん》になっていることは、注目される。とくに、東南アジア諸国連合（ＡＳＥＡＮ）が、紛争の平和的解決を掲げた条約を土台に、平和の地域共同体をつくりあげ、この流れをアジア・太平洋地域に広げていることは、世界の平和秩序への貢献《こうけん》となっている。

二〇世紀中頃につくられた国際的な人権保障の基準を土台に、女性、子ども、障《しょう》害者《がいしゃ》、少数者、移住労働者、先住民《せんじゅうみん》などへの差別をなくし、その尊厳《そんげん》を保障する国際規範《きはん》が発展している。[79]ジェンダー平等を求める国際的潮流《ちょうりゅう》が大きく発展し、経済的・社会的差別をなくすこととともに、女性にたいするあらゆる形態の暴力を撤廃《てっぱい》することが国際社会の課題となっている。

（一〇）[80]巨大に発達した生産力を制御《せいぎょ》できないという資本主義の矛盾《むじゅん》は、現在、広範な人民諸階層の状態の悪化、貧富の格差の拡大、[80]くりかえす不況と大量失業、国境を越えた金融投機《きんゆうとうき》の横行、環境条件の地球的規模での破壊、[81]植民地支配の負の遺産の重大さ、アジア・中東・アフリカ・ラテンアメリカの国ぐにでの貧困など、かつてない大きな規模と鋭さをもって現われている。

とりわけ、[82]貧富の格差の世界的規模での空前の拡大、地球的規模でさまざまな災厄《さいやく》をもたらしつつある[82]気候変動《きこうへんどう》は、資本主義体制が二一世紀に生き残る資格を問う問題となっており、その是正《ぜせい》・抑制を求める諸国民のたたかいは、人類の未来にとって死《し》活的《かつてき》意義をもつ。

世界のさまざまな地域での軍事《ぐんじ》同盟《どうめい》体制[83]の強化や、各種の紛争で武力解決を優先させようとする企て、国際テロリズムの横行、排外主義《はいがいしゅぎ》の台頭などは、緊張を激化させ、平和を脅かす要因となっている。

なかでも、アメリカが、アメリカ一国の利益を世界平和の利益と国際秩序の上に置き、国連をも無視して他国にたいする先制攻撃戦略《せんせいこうげきせんりゃく》をもち、それを実行するなど、軍事的覇権主義に固執していることは、重大である。アメリカは、地球的規模で軍事基地をはりめぐらし、世界のどこにたいしても介入、攻撃する態勢《たいせい》を取り続けている。そこには、独占資本主義に特有の帝国主義的侵略性が、むきだしの形で現われている。これらの政策と行動は、諸国民の独立と自由の原則とも、国連憲章《こくれんけんしょう》の諸原則とも両立できない、あからさまな覇権主義、帝国主義の政策と行動である。

いま、アメリカ帝国主義は、世界の平和と安全、諸国民の主権と独立にとって最大の脅威となっている。

その覇権主義、帝国主義の政策と行動は、アメリカと他の独占資本主義諸国とのあいだにも矛盾や対立を引き起こしている。また、経済の「グローバル化」を名目《めいもく》に世界の各国をアメリカ中心の経済秩序に組み込もうとする経済的覇権主義も、世界の経済に重大な混乱をもたらしている。

軍事的覇権主義を本質としつつも、世界の構造変化のもとで、アメリカの行動に、国際問題を外交交渉によって解決するという側面が現われていることは、注目すべきである。

[84]いくつかの大国で強まっている大国主義・覇権主義は、世界の平和と進歩への逆流となっている。アメリカと他の台頭する大国との覇権争いが激化し、世界と地域に新たな緊張をつくりだしていることは、重大である。

（一二）この情勢のなかで、いかなる覇権主義にも反対し、平和の国際秩序を守る闘争、核兵器の廃絶をめざす闘争、軍事同盟に反対する闘争、諸民族の自決権を徹底して尊重しその侵害を許さない闘争、民主主義と人権を擁護し発展させる闘争、各国の経済主権の尊重のうえに立った民主的な国際経済秩序を確立するための闘争、気候変動を抑制し地球環境を守る闘争が、いよいよ重大な意義をもってきている。

平和と進歩をめざす勢力が、それぞれの国でも、また国際的にも、正しい前進と連帯をはかることが重要である。

日本共産党は、労働者階級《ろうどうしゃかいきゅう》をはじめ、独立、平和、民主主義、社会進歩のためにたたかう世界のすべての人民と連帯し、人類の進歩のための闘争を支持する。

なかでも、[84]国連憲章にもとづく平和の国際秩序か、独立と主権を侵害する覇権主義的な国際秩序かの選択が、問われている。日本共産党は、どんな国であれ覇権主義的な干渉、戦争、抑圧、支配を許さず、平和の国際秩序を築き、[85]核兵器のない世界、軍事同盟のない世界を実現するための国際的連帯を、世界に広げるために力をつくす。

世界史の進行には、多くの波乱や曲折、ときには一時的な、あるいはかなり長期にわたる逆行もあるが、帝国主義・資本主義を乗り越え、社会主義に前進することは、大局的には歴史の不可避的《ふかひてき》な発展方向である。

四、民主主義革命と民主連合政府

(一二)現在、日本社会が必要としている変革《へんかく》は、社会主義革命《しゃかいしゅぎかくめい》ではなく、異常な対《たい》米従属《べいじゅうぞく》と大企業・財界の横暴な支配の打破《だは》——[87]日本の真の独立の確保と政治・経済・社会の民主主義的《みんしゅしゅぎてき》な改革の実現を内容とする[87]民主主義革命である。それらは、資本主《しほんしゅ》義《ぎ》の枠内《わくない》で可能な民主的改革であるが、日本の独占資本主義《どくせんしほんしゅぎ》と対米従属の体制を代表する勢力から、日本国民の利益を代表する勢力の手に国の権力を移すことによってこそ、その本格的な実現に進むことができる。この民主的改革を達成することは、当面する国民的な苦難《くなん》を解決し、国民大多数の根本的な利益にこたえる独立・民主・平和の日本に道を開くものである。
(一三)現在、日本社会が必要とする民主的改革の主要な内容は、次のとおりである。

〔国の独立・安全保障・外交の分野で〕

1　日米《にちべい》安保《あんぽ》条約《じょうやく》を、[88]条約第十条の手続き（アメリカ政府への通告）によって廃《はい》棄《き》し、アメリカ軍とその軍事基地を撤退させる。[88]対等平等の立場にもとづく日米《にちべい》友好条約《ゆうこうじょうやく》を結ぶ。

経済面でも、アメリカによる不当な介入を許さず、金融・為替《かわせ》・貿易を含むあらゆる分野で自主性を確立する。

2　主権回復後《しゅけんかいふくご》の日本は、いかなる軍事同盟《ぐんじどうめい》にも参加せず、すべての国と友好関係を結ぶ平和・中立・非同盟《ひどうめい》の道を進み、非同盟諸国会議に参加する。

3　自衛隊については、海外派兵立法をやめ、軍縮の措置《そち》をとる。安保条約廃棄後のアジア情勢の新しい展開を踏まえつつ、[89]国民の合意での憲法《けんぽう》第九条の完全実施（自衛隊の解消《かいしょう》）に向かっての前進をはかる。

4　新しい日本は、次の基本点にたって、平和外交を展開する。

――[90]日本が過去におこなった侵略《しんりゃく》戦争と植民地支配《しょくみんちしはい》の反省を踏まえ、アジア諸国との友好・交流を重視する。紛争の平和的解決を原則とした平和の地域《ちいき》協《きょう》力《りょく》の枠組《わくぐ》みを北東アジアに築く。

――国連憲章《こくれんけんしょう》に規定された平和の国際秩序《こくさいちつじょ》を擁護《ようご》し、この秩序を侵犯《しんぱん》・破壊するいかなる覇権主義的《はけんしゅぎてき》な企《くわだ》てにも反対する。

――人類の死活にかかわる核戦争の防止と核兵器の廃絶《はいぜつ》、各国人民の民族自決権の擁護、全般的軍縮とすべての軍事同盟の解体、外国軍事基地の撤去をめざす。

――一般市民を犠牲《ぎせい》にする無差別テロにも報復《ほうふく》戦争にも反対し、テロの根絶のための国際的な世論と共同行動を発展させる。

――[91]日本の歴史的領土である千島列島《ちしまれっとう》と歯舞群島《はぼまいぐんとう》・色丹島《しこたんとう》の返還をめざす。

――多国籍企業《たこくせききぎょう》の無責任な活動を規制し、地球環境を保護するとともに、一部の大国の経済的覇権主義をおさえ、すべての国の経済主権の尊重および平等・公平を基礎とする民主的な国際経済秩序の確立をめざす。

――紛争の平和解決、災害、難民、貧困、飢餓《きが》などの人道問題にたいして、非軍事的な手段による国際的な支援活動を積極的におこなう。

――社会制度の異《こと》なる諸国の平和共存《へいわきょうぞん》および[92]異なる価値観《かちかん》をもった諸文明間の対話と共存の関係の確立に力をつくす。

〔憲法と民主主義の分野で〕

1　現行憲法の前文をふくむ全条項《ぜんじょうこう》をまもり、とくに平和的民主的諸条項の完全実施をめざす。

2　[92]国会を名実《めいじつ》ともに最高機関とする議会制民主主義の体制、反対党を含む複数政《ふくすうせい》党制《とうせい》、選挙で多数を得た政党または政党連合が政権を担当する[93]政権交代制は、当然堅持《けんじ》する。

3　選挙制度、行政機構、司法制度などは、憲法の主権在民《しゅけんざいみん》と平和の精神にたって、改革を進める。

4　地方政治では「住民が主人公」を貫き、住民の利益への奉仕を最優先の課題とする地方自治を確立する。

5　国民の基本的人権を制限・抑圧《よくあつ》するあらゆる企てを排除し、社会的経済的諸条件の変化に対応する人権の充実をはかる。[94]労働基本権を全面的に擁護する。企業の内部を含め、社会生活の各分野で、思想・信条の違いによる差別を一掃する。

6　[94]ジェンダー平等社会をつくる。男女の平等、同権をあらゆる分野で擁護し、保障する。女性の独立した人格を尊重し、女性の社会的、法的な地位を高める。女性の社会的進出・貢献《こうけん》を妨げている障害を取り除く。[95]性的指向《せいてきしこう》と性自認《せいじにん》を理由とする差別をなくす。

7　教育では、[96]憲法の平和と民主主義の理念を生かした教育制度・行政の改革をおこない、各段階での教育諸条件の向上と教育内容の充実につとめる。

8　文化各分野の積極的な伝統を受けつぎ、科学、技術、文化、芸術、スポーツなどの多面的な発展をはかる。学問・研究と文化活動の自由をまもる。

9　[97]信教の自由を擁護し、[97]政教分離《せいきょうぶんり》の原則の徹底をはかる。

10 汚職・腐敗・利権の政治を根絶するために、[98]企業・団体献金を禁止する。

11 天皇条項については、「国政に関する権能《けんのう》を有しない」などの制限規定の厳格《げんかく》な実施を重視し、天皇の政治利用をはじめ、憲法の条項と精神からの逸脱《いつだつ》を是正《ぜせい》する。

党は、一人の個人が世襲《せしゅう》で「国民統合」の象徴となるという現制度は、民主主義および人間の平等の原則と両立するものではなく、国民主権の原則の首尾一《しゅびいっ》貫《かん》した展開のためには、民主共和制の政治体制の実現をはかるべきだとの立場に立つ。[99]天皇の制度は憲法上の制度であり、その存廃《そんぱい》は、将来、情勢が熟したときに、国民の総意によって解決されるべきものである。

〔経済的民主主義の分野で〕

1 「ルールなき資本主義」の現状を打破し、労働者の長時間労働や一方的解雇《かいこ》の規制を含め、ヨーロッパの主要資本主義諸国や国際条約などの到達点も踏まえつつ、国民の生活と権利を守る「ルールある経済社会」をつくる。

2 [100]大企業にたいする民主的規制を主な手段として、その横暴な経済支配をおさえる。民主的規制を通じて、労働者や消費者、中小企業と地域経済、環境にたいする社会的責任を大企業に果たさせ、国民の生活と権利を守るルールづくりを促進《そくしん》するとともに、つりあいのとれた経済の発展をはかる。経済活動や軍事基地などによる環境破壊と公害に反対し、自然保護と環境保全のための規制措置を強化する。

3　食料《しょくりょう》自給率《じきゅうりつ》の向上、安全・安心な食料の確保、国土の保全など多面的機能を重視し、農林水産政策の根本的な転換をはかる。国の産業政策のなかで、[100]農業を基幹的《きかんてき》な生産部門として位置づける。

4　原子力発電所は廃止し、核燃料《かくねんりょう》サイクルから撤退し、「原発ゼロの日本」をつくる。気候変動《きこうへんどう》から人類の未来を守るため早期に「温室効果ガス排出量《はいしゅつりょう》実質ゼロ」を実現する。環境とエネルギー自給率の引き上げを重視し、[101]再生可能エネルギーへの抜本的転換をはかる。

5　国民各層の生活を支える基本的制度として、社会保障制度の総合的な充実と確立をはかる。子どもの健康と福祉、子育ての援助のための社会施設と措置の確立を重視する。日本社会として、少子化傾向の克服に力をそそぐ。

6　国の予算で、むだな大型公共事業をはじめ、大企業・大銀行本位の支出や軍事費を優先させている現状をあらため、国民のくらしと社会保障に重点をおいた財政・経済の運営をめざす。大企業・大資産家《だいしさんか》優遇の税制をあらため、負担能力《ふたんのうりょく》に応じた負担という原則にたった税制と社会保障制度の確立をめざす。

7　すべての国ぐにとの平等・互恵《ごけい》の経済関係を促進し、南北問題や地球環境問題など、世界的規模の問題の解決への積極的な貢献をはかる。

(一四)民主主義的な変革は、労働者、勤労市民、農漁民、中小企業家、知識人、女性、青年、学生など、独立、民主主義、平和、生活向上を求めるすべての人びとを結集した統一戦線《とういつせんせん》[102]によって、実現される。統一戦線は、反動的《はんどうてき》党派とたたかいながら、民主的党派、各分野の諸団体、民主的な人びととの共同と団結をかためることによってつくりあげられ、成長・発展する。当面のさしせまった任務にもとづく共同と団結[103]は、世界観や歴史観、宗教的信条の違いをこえて、推進されなければならない。

日本共産党は、国民的な共同と団結をめざすこの運動で、先頭にたって推進する役割を果たさなければならない。日本共産党が、高い政治的、理論的な力量と、労働者をはじめ国民諸階層と広く深く結びついた強大な組織力をもって発展することは、統一戦線[104]の発展のための決定的な条件となる。

日本共産党と統一戦線の勢力が、積極的に国会の議席を占め、国会外の運動と結びついてたたかうことは、国民の要求の実現にとっても、また変革の事業の前進にとっても、重要である。

日本共産党と統一戦線の勢力が、国民多数の支持を得て、国会で安定した過半数を占めるならば、統一戦線の政府・民主連合政府[105]をつくることができる。日本共産党は、「国民が主人公」を一貫した信条として活動してきた政党として、国会の多数の支持を得て民主連合政府をつくるために奮闘する。

統一戦線の発展の過程《かてい》では、民主的改革の内容の主要点のすべてではないが、いくつかの目標では一致し、その一致点にもとづく統一戦線の条件が生まれるという場合も起こりうる。党は、その場合でも、その共同が国民の利益にこたえ、現在の反動支配を打破してゆくのに役立つかぎり、[105]さしあたって一致できる目標の範囲で統一戦線を形成し、統一戦線の政府をつくるために力をつくす。

また、全国各地で革新・民主の自治体を確立することは、その地方・地域の住民の要求実現の柱となると同時に、国政における民主的革新的な流れを前進させるうえでも、重要な力となる。

民主連合政府の樹立は、国民多数の支持にもとづき、独占資本主義と対米従属の体制を代表する[106]支配勢力の妨害や抵抗を打ち破るたたかいを通じて達成できる。対日支配の存続に固執《こしつ》するアメリカの支配勢力の妨害の動きも、もちろん、軽視することはできない。

このたたかいは、政府の樹立をもって終わるものではない。引き続く前進のなかで、民主勢力の統一と国民的なたたかいを基礎に、統一戦線の政府が国の機構の全体を名実ともに掌握《しょうあく》し、[107]行政の諸機構が新しい国民的な諸政策の担い手となることが、重要な意義をもってくる。

民主連合政府は、労働者、勤労市民、農漁民、中小企業家、知識人、女性、青年、学生など国民諸階層・諸団体の民主連合に基盤をおき、日本の真の独立の回復と民主主義的変革を実行することによって、日本の新しい進路を開く任務をもった政権である。

（一五）民主主義的変革によって独立・民主・平和の日本が実現することは、[107]日本国民の歴史の根本的な転換点となる。日本は、アメリカへの事実上の従属国《じゅうぞくこく》の地位から抜け出し、日本国民は、真の主権を回復するとともに、国内的にも、はじめて国の主人公となる。民主的な改革によって、日本は、戦争や軍事的緊張の根源であることをやめ、アジアと世界の平和の強固な礎《いしずえ》の一つに変わり、日本国民の活力を生かした政治的・経済的・文化的な新しい発展の道がひらかれる。日本の進路の民主的、平和的な転換は、アジアにおける平和秩序の形成の上でも大きな役割を担い、二一世紀におけるアジアと世界の情勢の発展にとって、重大な転換点の一つとなりうるものである。

五、社会主義・共産主義の社会をめざして

（一六）日本の社会発展の次の段階では、資本主義《しほんしゅぎ》を乗り越え、社会主義《しゃかいしゅぎ》・共産主《きょうさんしゅ》

義《ぎ》の社会への前進をはかる社会主義的変革《へんかく》が、課題となる。

社会主義的変革の中心は、主要な[109]生産手段《せいさんしゅだん》の所有・管理・運営を社会の手に移す生[110]産手段の社会化である。社会化の対象となるのは生産手段だけで、[111]生活手段については、この社会の発展のあらゆる段階を通じて、私有財産が保障される。

生産手段の社会化は、人間による人間の搾取《さくしゅ》を廃止し、すべての人間の生活を向上させ、社会から貧困をなくすとともに、労働時間の抜本的な短縮を可能にし、社会のすべての構成員《こうせいいん》の[112]人間的発達を保障する土台をつくりだす。

生産手段の社会化は、生産と経済の推進力《すいしんりょく》を資本の利潤《りじゅん》追求から社会および社会の構成員の物質的精神的な生活の発展に移し、経済の計画的な運営によって、くりかえしの不況を取り除き、環境破壊や社会的格差の拡大などへの有効な規制を可能にする。

生産手段の社会化は、経済を[113]利潤第一主義の狭い枠組《わくぐ》みから解放《かいほう》することによって、人間社会を支える物質的生産力の新たな飛躍的な発展の条件をつくりだす。

社会主義・共産主義の日本では、[113]民主主義《みんしゅしゅぎ》と自由の成果をはじめ、[115]資本主義時代の価値ある成果のすべてが、受けつがれ、いっそう発展させられる。[115]「搾取の自由」は制限され、改革の前進のなかで廃止をめざす。搾取の廃止によって、人間が、ほんとうの意味で、社会の主人公となる道が開かれ、「国民が主人公」という民主主義の理念は、政治・経済・文化・社会の全体にわたって、社会的な現実となる。

さまざまな思想・信条の自由、[116]反対政党を含む政治活動の自由は厳格《げんかく》に保障される。「社会主義」の名のもとに、特定の政党に「指導」政党としての特権を与えたり、特定の世界観を[117]「国定《こくてい》の哲学《てつがく》」と意義づけたりすることは、日本における社会主義の道とは無縁であり、きびしくしりぞけられる。

社会主義・共産主義の社会がさらに高度な発展をとげ、搾取や抑圧《よくあつ》を知らない世代が多数を占めるようになったとき、原則としていっさいの強制のない、[118]国家権力そのものが不必要になる社会、人間による人間の搾取もなく、抑圧も戦争もない、真に平等で自由な人間関係からなる共同社会《きょうどうしゃかい》への本格的な展望が開かれる。

人類は、こうして、本当の意味で人間的な生存と生活の諸条件をかちとり、人類史の新しい発展段階に足を踏み出すことになる。

(一七)社会主義的変革は、短期間に一挙《いっきょ》におこなわれるものではなく、国民の合意のもと、一歩一歩の[119]段階的な前進を必要とする長期の過程《かてい》である。

その出発点となるのは、社会主義・共産主義への前進を支持する国民多数の合意の形成であり、国会の安定した過半数を基礎として、社会主義をめざす権力がつくられることである。その[120]すべての段階で、国民の合意が前提となる。

日本共産党は、社会主義への前進の方向を支持するすべての党派や人びとと協力する統一戦線《とういつせんせん》政策を堅持《けんじ》し、勤労市民、農漁民、中小企業家にたいしては、その利益を尊重しつつ、社会の多数の人びとの納得《なっとく》と支持を基礎に、社会主義的改革の道を進むよう努力する。

日本における社会主義への道は、多くの新しい諸問題を、日本国民の英知《えいち》と創意《そうい》によって解決しながら進む新たな挑戦と開拓《かいたく》の過程となる。日本共産党は、そのなかで、次の諸点にとくに注意を向け、その立場をまもりぬく。

(1) 生産手段の社会化は、その所有・管理・運営が、情勢と条件に応じて多様な形態をとりうるものであり、日本社会にふさわしい独自の形態の探究が重要であるが、[121]生産者が主役という社会主義の原則を踏みはずしてはならない。「国有化《こくゆうか》」や「集団化《しゅうだんか》」の看板で、生産者を抑圧する官僚専制《かんりょうせんせい》の体制をつくりあげた旧ソ連の誤りは、絶対に再現させてはならない。

(2) [121]市場経済を通じて社会主義に進むことは、日本の条件にかなった社会主義の法則的な発展方向である。社会主義的改革の推進にあたっては、計画性と市場経済とを結合させた弾力的で効率的な経済運営、[122]農漁業・中小商工業など私的な発意《はつい》の尊重などの努力と探究が重要である。国民の消費生活を統制したり画一化《かくいつか》したりするいわゆる[123]「統制経済《とうせいけいざい》」は、社会主義・共産主義の日本の経済生活では全面的に否定される。

（一八）これまでの世界では、資本主義時代の高度な経済的・社会的な達成を踏まえて、社会主義的変革に本格的に取り組んだ経験はなかった。発達した資本主義の国での社会主義・共産主義への前進をめざす取り組みは、二一世紀の新しい世界史的な課題である。

[124]発達した資本主義国での社会主義的変革は、特別の困難性をもつとともに、[125]豊かで壮大な可能性をもった事業である。この変革は、生産手段の社会化を土台に、資本主義のもとでつくりだされた高度な生産力、経済を社会的に規制・管理するしくみ、国民の生活と権利を守るルール、自由と民主主義の諸制度と国民のたたかいの歴史的経験、人間の豊かな個性などの成果を、継承し発展させることによって、実現される。[126]発達した資本主義国での社会変革は、社会主義・共産主義への大道《だいどう》である。日本共産党が果たすべき役割は、世界的にもきわめて大きい。

日本共産党は、それぞれの段階で日本社会が必要とする変革の諸課題の遂行に努力をそそぎながら、二一世紀を、搾取も抑圧もない共同社会の建設に向かう人類史的な前進の世紀とすることをめざして、力をつくすものである。

綱領の用語解説

一、戦前の日本社会と日本共産党

進歩と変革の伝統

二〇世紀はじめの日本では、社会主義をめざす運動、階級的な労働組合運動、農民運動が、社会進歩の運動の主な担い手となっていました。社会主義運動は、天皇制政府の弾圧を受けながらもさまざまな組織をつくり、政治的自由、労働者や農民の権利などを求めました。これらの要求は、近代最初の進歩的、民主主義的運動であった自由民権運動がかかげた自由と民主主義の要求をさらに発展させたものでした。日露戦争（一九〇四～〇五年）に反対する声もあがりました。

一九一〇年代になると「大正デモクラシー」とよばれた民主主義運動が高まりました。一九一八年には「米騒動」という大規模な国民運動がおこり、さらに労働組合や農民組合の全国組織が誕生しました。

日本共産党は、これらの「進歩と変革の伝統」を受け継いで、創立されました。

日本と世界の人民の解放闘争の高まり

第一次世界大戦（一九一四～一八年）のさなかに起きたロシア革命（「一〇月社会主義革命」、一九一七年）は、圧政や植民地支配に苦しめられていた世界の人びとの大きな希望となり、各国の解放運動をはげましました。一九二〇年前後に、世界各国で相次いで共産党が結成され、革命運動が高まっていきます。

帝国主義諸国は共同してロシアに攻め込み、革命をつぶそうとし、日本政府も一九一八年、シベリアに七万人を超える軍隊を送りました。しかし、各国では干渉戦争に反対する運動も広がり、日本では、派兵に伴う投機による米価暴騰に怒った民衆の「米騒動」が発生。この時期に、労働組合運動、農民組合運動、女性解放運動、被差別部落民の解放運動、学生運動などの全国的な運動組織が続々と生まれました。そうした情勢のなかで、一九二二年に日本共産党が誕生します。

科学的社会主義を理論的な基礎とする

一九世紀にカール・マルクス（一八一八～八三年）とフリードリヒ・エンゲルス（一八二〇～九五年）が創始した科学的社会主義の理論は、社会は大づかみに見て、土台をなす経済のしくみによって発展の段階が区別されること、人類は原始共同体、奴隷制、封建制、資本主義という段階を通って法則的に発展してきたことを明らかにしています（史的唯物論）。

そして、利潤追求を第一に動く資本主義経済の法則を解明しました。同時に、この資本主義がつくりだす高度な生産力を基礎にし、資本主義の矛盾（問題点）をのりこえる、労働者階級を中心とした人民多数の社会変革によって、未来の共同社会（社会主義・共産主義社会）が生まれるという展望を示しました。史的唯物論と資本主義経済の法則の解明によって、社会主義は「科学的社会主義」と呼ばれるようになりました。

日本共産党は、この科学的社会主義の理論にもとづいて、日本と世界の現状を具体的に分析し、日本における社会変革の道すじを明らかにした綱領をもっています。現在の綱領は、国民多数の支持にもとづく民主主義革命を実行し、そのうえで社会主義的変革へとすすむ段階的な発展を展望しています。また社会主義的変革の中心は生産手段の社会化であること、未来社会の特質は「自由」の実現であること、発達した資本主義国での社会変革を社会主義・共産主義への大道と位置づけ、それが、変革を開始するうえでの特別の困難性とともに、豊かで壮大な可能性をもつことを明らかにしています。党大会や中央委員会総会決定は、その綱領の実現に向けて、情勢とたたかいの日々の発展をふまえつつ、具体化したものです。全党は、これらの方針で団結して実践にとりくみます。

独占資本主義国

生産、資本を集中した少数の大企業（グループ）が、金融面でも優位を確保し、経済を独占的に支配する段階になった資本主義国のことです。

第一次世界大戦までには、独占資本主義諸国が世界を支配するようになり、イギリス、ロシア、フランス、ドイツ、アメリカ、日本は、六大強国（列強）と呼ばれていました（当時は、いずれの国も領土や植民地拡大のための対外侵略を系統的にすすめる帝国主義の国であり、「帝国主義列強」ともいわれました）。

戦前の日本では、天皇制政府・軍部などと結びついた特定の一族が、銀行や持ち株会社を中核とする財閥（三井、三菱、住友、安田など）を形成して、ばく大な利益を手にしていました。

国を統治する全権限を天皇が握る専制政治（絶対主義的天皇制）

「大日本帝国憲法」は、「大日本帝国は万世一系の天皇之《これ》を統治す」（第一条）、「天皇は神聖にして侵すべからず」（第三条）とうたい、「神」の子孫としての天皇が日本を支配すると宣言しました。立法、行政、司法の区別なく、国を統治する権限は、すべて天皇が握っていました。「帝国議会」「国務大臣」「裁判所」ももうけられましたが、天皇を助ける補助機関とされ、その権限はかぎられました。なかでも、軍隊への指揮と命令、宣戦・講和・条約締結の権限はすべて天皇が握り、天皇の固有の権限＝「天皇の大権」とされた戦争と軍事の問題には、だれも口出しできませんでした。こういう体制を、社会科学の言葉で「絶対主義的天皇制」と呼びました。

国民は天皇の家来（「臣民」）とされ、「軍人勅諭《ちょくゆ》」や「教育勅語《ちょくご》」で天皇絶対の考えを強要されました。

半封建的な地主制度

明治維新以後も、封建的な土地所有は完全に解体されず、地主・小作関係に基礎をおく搾取体制が存在しました。全農地のうち小作地が占める比率は45〜47%で、小作農民は地主から土地を借りる代わりに、収穫量の半分、あるいはそれ以上という高率の小作料を、多くは現物の形態で払わなければなりませんでした。小作農民は、土地取り上げの脅しにおびえて地主に服従を強いられるなど、人格的にも従属的な状態に置かれていました。この制度は、天皇絶対政治のもとで確立され、専制政治を支える基盤となりました。

「半封建的」とは、封建制度そのままではないが、江戸時代の「年貢」とも共通する小作料のとりたてや地主に従属している状態など、封建制の重要な側面が残されている過渡的な形態をあらわしています。

労働者の無権利と過酷な搾取

現在の日本国憲法は、労働者の団結権、団体交渉権、団体行動権を保障しています（第二八条）。しかし、戦前の天皇制政府は、これらの行為を抑圧・弾圧しました。労働者は、法律による保護をほとんどうけずに、劣悪な労働条件と低賃金、長時間労働を強いられました。とくに女性労働者は、明治以降に強化された社会的差別の中で無権利状態におかれ、より劣悪な労働環境のなかで働かされていました。

当時の製糸工場の例を記録している『職工事情』（岩波文庫）では、「生糸業につきいえば、一日一四時間の労働を平気になす所あり」（「明治三五年三月、某生糸家談話」）、「朝四時に起き、食事前二時間あまり仕事を致します。……休業日は一日と一五日の二日にして半日ずつ（勿論午前は仕事を致します）、その他、正月、盆等の物日に半日ずつ休ませてくれます。……食後でも直ぐに仕事をしますから、ほとんど休み時のないのも同然」（「明治三五年一〇月、前橋市某生糸工場工女談話」）と、長時間労働の実態が語られています。

アジア諸国にたいする侵略と戦争の道

天皇絶対の専制政治のもとで、日本はアジアで唯一の帝国主義国として、アジア諸国にたいする侵略戦争の道をすすみました。日本が領土拡大と外国支配を目的とした本格的な侵略戦争にのりだしたのは一八九四〜九五年の日清戦争、一九〇四〜〇五年の日露戦争が一大画期となります。これを起点として、三一年、中国東北部への侵略戦争、三七年には中国への全面侵略戦争を開始。四一年のアジア・太平洋戦争へと拡大し、四五年の敗戦にいたる、「五〇年戦争」ともいうべき連続した侵略戦争の歴史が展開されました。

この戦争は、侵略戦争であるとともに、外国の人民の抵抗・革命運動を抑圧する戦争でもありました。

民主主義革命を実現することを当面の任務とし、ついで社会主義革命に進む

日本共産党は創立当初から、天皇専制の国家体制を変革する民主主義革命の旗をかかげました。党創立直後の臨時党大会（一九二三年）で検討・確認した「綱領草案」では、政治的要求の第一に、「君主制の廃止」をかかげました。戦前、平和や民主主義を実現するには、天皇制の支配と正面からたたかう必要があり、日本共産党は、君主制廃止をかかげた唯一の政党でした。そして民主主義革命を実現した先に、社会主義革命を展望していました。

一九三二年の綱領的文書「三二年テーゼ」は、「絶対主義的天皇制」をうちやぶることに日本の革命運動の第一の任務があるとして、当面の革命の性格を民主主義革命とし、中心スローガンに「帝国主義戦争と警察的天皇制反対、米と土地と自由のため、労働者、農民の政府のための人民革命」をかかげました。

主権在民、国民の自由と人権

戦前の日本では、天皇絶対の専制体制のもとで、国民は無権利状態におかれていました。働く人たちは、法律の保護もほとんど受けず、劣悪な労働条件と低賃金、一日一二時間をこえる長時間労働を強いられました。農村では、土地をもたない小作農民が、収穫の多くを地主にとられ、人格的従属のもとにおかれていました。女性は、明治期に強化された差別の構造、男尊女卑の構造（旧「民法」の「家制度」や「刑法」の規定など）のなか、参政権をはじめ政治的権利を一切もた

ず、家庭生活、社会生活ともに、隷属的な地位におかれていました。思想・信条の自由や言論・集会・結社の自由は無慈悲に抑圧されていました。

党は、国民の無権利状態の根源をなす天皇制の専制支配を倒し、「主権在民、国民の自由と人権をかちとるために」たたかいました。国民の苦難のおおもとにある天皇絶対政治をやめさせ、主権在民の日本をつくる民主主義革命をかかげました。政治的要求として、「君主制の廃止、貴族院の廃止、一八歳以上のすべての男女にたいする普通選挙権の実現」、労働者の団結の自由、出版・集会・ストライキの自由、天皇の軍隊・警察・憲兵・秘密警察の廃止などをあげました。経済面でも、八時間労働制と最低賃金制の実施など大資本の横暴をおさえる要求、農民を苦しめていた大地主の制度をなくす要求を掲げました。

進歩的、民主的、革命的な文化の創造と普及

日本共産党は、絶対主義的天皇制の凶暴な弾圧に抗して、主権在民と平和の旗を勇敢に掲げてたたかいぬきました。

このたたかいを底流として、新しい社会をめざす新しい文化の運動が花開きました。当時、プロレタリア文化運動と呼ばれ、文学、演劇、映画、音楽、美術など多くの分野にわたって、日本社会の全体に大きな影響をおよぼしました。

このプロレタリア文化運動は、一九二〇年代の末から三〇年代のはじめにかけて大きな発展をとげ、資本主義国の進歩的文化運動としてはもっとも有力なものの一つとなり、国際的にも注目をあつめました。

小林多喜二や宮本百合子の作品が、『中央公論』や『改造』といった当時の一流の総合雑誌に掲載されるとともに、多喜二の作品は、世界各国でも翻訳、出版されました。共産党の地下活動を描いた小林多喜二の

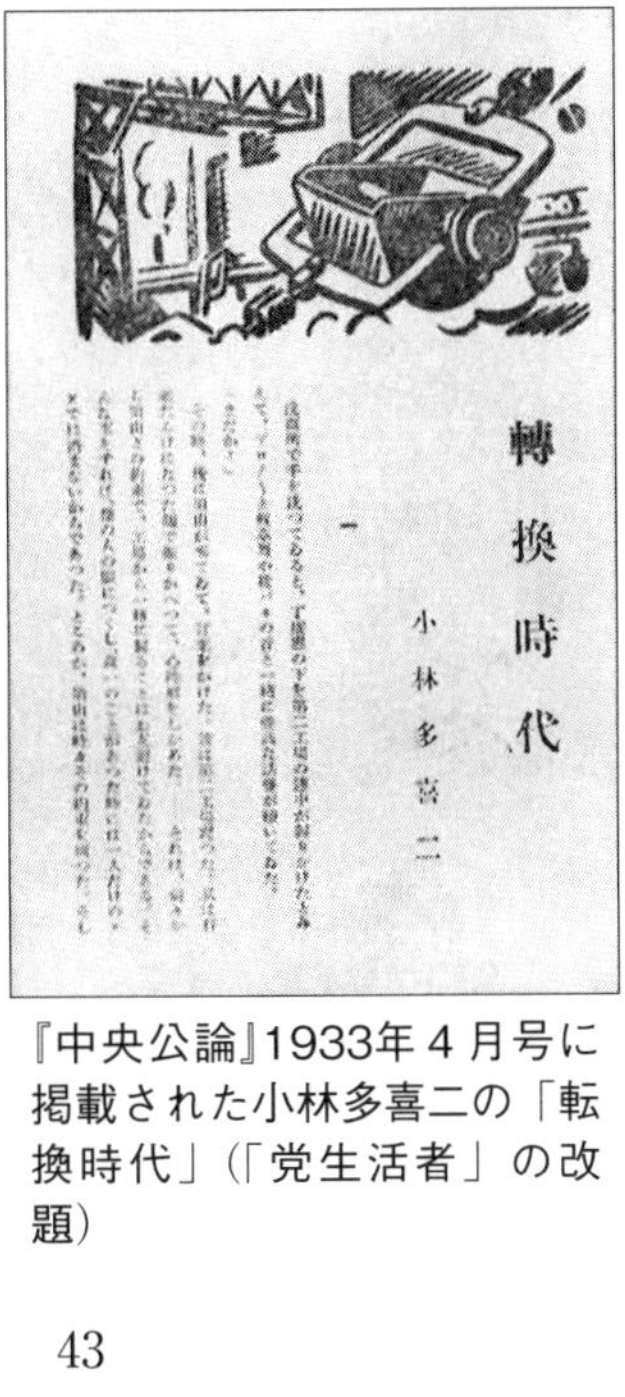
轉換時代

小林多喜二

一

『中央公論』1933年４月号に掲載された小林多喜二の「転換時代」（「党生活者」の改題）

「党生活者」は、非合法活動に移った多喜二から『中央公論』編集部に郵送で原稿が届けられ、弾圧を避けるために編集者が「転換時代」と名前を変えて、多喜二の死（一九三三年二月二〇日）の直後に、同誌四、五月号に掲載されました。

天皇制権力による凶暴な弾圧によって、プロレタリア文化運動は壊滅的打撃を受けましたが、その創造と理論の成果は戦後に大きな遺産を残しています。

ロシア革命

ロシアでは、第一次世界大戦のもとで戦争の重荷をはじめ皇帝（ツァーリ）の専制政治に対する不満と抗議が高まり、首都ペトログラードなど各都市で労働者のストライキが起きました。「食糧をよこせ」に始まった闘争は「戦争やめよ」「専制を打倒せよ」に発展し、労働者や兵士のソビエト（評議会）がつくられ、一九一七年二月、ツァーリ専制政府は崩壊しました。これに代わって臨時政府がつくられますが、戦争を続けたので、国民の怒りはさらに高まりました。

一一月（ロシア暦の一〇月）、労働者、軍隊の圧倒的支持のもとに、臨時政府は打倒され、全権力がソビエトの手に移りました。全ロシア・ソビエト大会は、無併合・無賠償の原則にもとづく講和の即時締結をすべての交戦国に提案する「平和についての布告」、地主的土地所有の廃止を中心に、土地革命の実施を定めた「土地についての布告」を採択。レーニン（一八七〇～一九二四年）を首班とする新政府・人民委員会議を選出しました。

ロシア革命は、各国の革命運動、民族運動を大きく励ましました。とりわけ、帝国主義による植民地支配が広く行われていた時代に、すべての民族の自決権の完全な承認を対外政策の基本にすえたことは、世界の植民地体制の崩壊をうながし、二〇世紀の世界の構造変化を生み出す力になりました。

（ロシア革命にたいする）日本帝国主義の干渉戦争

一九一七年のロシア革命勝利にたいして、帝国主義列強諸国は一九一八年から、ソビエト政権を打倒しようとする無法な干渉戦争にのりだしました。日本帝国主義は、イギリス、フランス、アメリカなどと結んで、この干渉戦争の一翼を担い、列強諸国との協定による割り当て兵力をはるかに上回り、一時は七万三〇〇〇人もの大軍をシベリアに送り、ここを自国の勢力範囲に組み込むことをねらいました。

　干渉戦争は失敗に終わり、日本以外の国ぐには一九二〇年までに軍隊をひきあげました。ところが日本は撤兵を拒否し、当時ロシア領だった北樺太《からふと》をも占領しました。シベリアには二二年まで居座り、北樺太から撤兵したのは二五年でした。日本共産党は、党創立の翌年につくられた「綱領草案」で、ロシアへの干渉戦争反対をかかげ、「干渉やめよ」の運動に取り組みました。

中国革命

　専制的な封建王朝を倒した一九一一年の辛亥《しんがい》革命から四九年の中華人民共和国の樹立にいたる、民族の独立と解放をめざした中国での一連の社会的変革。一七世紀に成立した清朝は満州人を主体とした封建王朝で、一八世紀に最盛期を迎えましたが、アヘン戦争（一八四〇～四二年）でイギリスに敗北して以来、帝国主義諸国によって半植民地化されました。一九一一年、孫文《そんぶん》が指導した辛亥革命は、清朝を倒し、共和制の中華民国を樹立しました。しかし、その後も半植民地・半封建的な状況が続き、より根本的な反帝・反封建の革命を求める運動が続きました。

　日本帝国主義は早くから中国革命への干渉を続けました。日本軍は、国民革命軍の満州への接近阻止と山東半島の日本の権益擁護のため、一九二七～二八年、三度にわたり山東省へ出兵しました。そして三一年、日本軍の謀略である柳条《りゅうじょう》湖《こ》事件を口実に、東北地方を侵略し（「満州事変」）、翌年、かいらい政権「満州国」

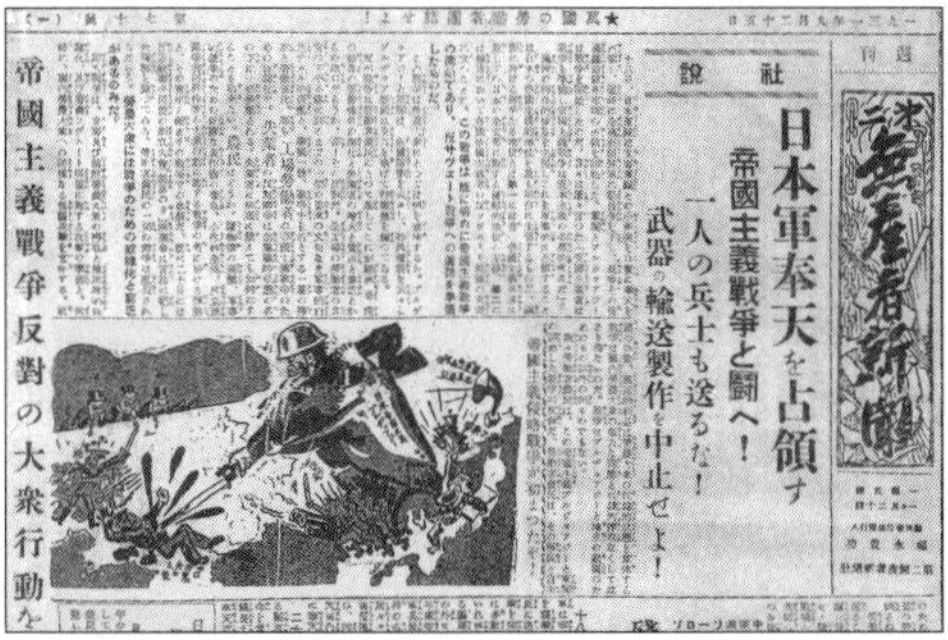
無産者新聞
社説
日本軍奉天を占領す
帝國主義戰爭と鬪へ！
一人の兵士も送るな！
武器の輸送製作を中止せよ！
帝國主義戰爭反對の大衆行動へ

日本共産党が第二無産者新聞社から発行していた合法機関紙「第二無産者新聞」は、日本軍の中国侵略に対し、「帝国主義戦争と闘へ！」との社説を掲げました＝1931年９月25日付

を樹立しました。三七年、盧溝橋《ろこうきょう》事件を契機に中国への全面侵略戦争を開始し、日本は第二次世界大戦に道を開く最初の侵略国家となりました。

日本共産党は、一九二七年一月、この干渉戦争の企てに反対し、「無産者新聞」で「非干渉運動を全国に起こせ」と呼びかけ、中国侵略に反対する闘争をすすめました。

日本帝国主義の植民地であった朝鮮、台湾の解放

日本帝国主義は、日清戦争（一八九四～九五年）の結果として台湾を植民地にしました。さらに、日露戦争（一九〇四～〇五年）の結果、朝鮮半島全体の支配権を手に入れ、野蛮な軍事的強圧を加え、一〇年の「韓国併合条約」という不法・不当な「条約」によって、植民地化を完成させました。

これにたいし日本共産党は、一九二三年の「綱領草案」で外国にたいするあらゆる「干渉企図の中止、朝鮮、中国、台湾、樺太からの軍隊の完全撤退」を掲げ、植民地の解放を求めました。二八年、普通選挙法による最初の総選挙にあたっての「政綱」をはじめ、「植民地の独立」を当面のスローガンとして掲げ続けました。一九年三月一日に朝鮮全土で起こった歴史的な「三・一独立運動」を記念して、「今年の三・一デー!!朝鮮民族解放記念日を如何に斗ふべきか？」（三二年三月二日付「赤旗」）など、連帯してたたかいを呼びかける無数の活動が記録されています。

半植民地

第二次世界大戦後、アジア、アフリカなどの多くの国ぐにが植民地から独立国になりましたが、それまでは、帝国主義国により主権をうばわれて完全な政治的支配をうけ、資本輸出市場、農産物・原料の供給地、安い労働力の源泉、商品の販売市場として抑圧され、搾取され、収奪されていました。これが植民地です。

半植民地とは、この植民地とは違って形式的には独立国ですが、実際には帝国主義国によって大幅に主権を制限され、政治的従属と経済的従属におちいり、植民地と変わらない状態におかれた国をさします。たとえば中国は、一九世紀半ばから帝国主義列強の侵略、

侵出を受けて、国土を〝虫食い状態〟にされ、独立国としての主権行使ができなくなっていました。

第二次世界大戦

一九三九～四五年、日本、独（ドイツ）、伊（イタリア）などの枢軸国と英（イギリス）、仏（フランス）、米（アメリカ）、ソ連、中国などの連合国との間でたたかわれた世界的規模の戦争。約六〇カ国が交戦し、死傷者数は五六〇〇万人にのぼりました。

日本は一九三一年に中国の東北部への侵略戦争を、三七年に中国への全面侵略戦争を開始し、世界大戦に道を開く最初の侵略国家となりました。三五年に伊がエチオピアに侵略、三六年には、独、伊がスペイン内戦に干渉、三九年に独がポーランドに侵攻し、英、仏が独に宣戦して世界的規模での戦争となりました。

四〇年、日独伊は三国軍事同盟を結成、独、伊がヨーロッパを、日本が東アジア、西太平洋地域の征服をめざして侵略戦争を推進。四一年には、ドイツがロシアに侵攻（独ソ戦）を開始、それとともに米英ソ三国の同盟が最短期間で成立して、第二次大戦の転機となりました。日本は四一年、米・英などに宣戦して、アジア・太平洋に戦争を拡大しました。

米、英は、四一年に領土不拡大、民族自決の尊重などをかかげた大西洋憲章を発表、ソ連、中国など二二カ国が支持して反ファシズム連合がつくられ、第二次世界大戦は全体として、日独伊のファシズム・軍国主義三国と反ファシズム連合国・諸勢力との戦争という性格をもちました。四三年に伊が降伏、四五年五月に独が降伏、同年八月にソ連が対日参戦、日本がポツダム宣言を受諾・降伏して大戦は終わりました。

多くの日本共産党員は……党の旗を守って活動した

反戦平和と民主主義を主張した日本共産党は、天皇制権力の過酷な弾圧を受けました。天皇制政府は一九二五年、「国体の変革」＝天皇専制の国家形態の変革を求めることを犯罪とする治安維持法をつくり、特高警察を使って迫害しました。一九二八年の三・一五事件、二九年の四・一六事件では、全国で共産党員やその支持者が多数検挙され、党中央の中心的幹部のほとんどが投獄されました。

党中央は、一九三一年に再建されますが、中国侵略の開始とともに、党への弾圧は残虐さを増し、小林多喜二の虐殺をはじめ、岩田義道、野呂栄太郎、市川正一、国領五一郎ら党幹部はもとより、若い女性活動家なども含めての多くの党員が天皇制権力による弾圧の犠牲になりました。迫害に屈して変節するものも生まれ、組織活動は困難に直面しますが、いろいろな形で党活動は続けられ、宮本顕治は一二年におよぶ獄中・法廷闘争を不屈にたたかい、党の旗を守り抜きました。

日本の平和と民主主義の事業にとって不滅の意義

「他のすべての政党が侵略と戦争、反動の流れに合流するなかで、日本共産党が平和と民主主義の旗を掲げて不屈にたたかい続けた」（綱領）歴史は、現代の日本の平和と民主主義の事業にとって不滅の意義をもつものです。

天皇絶対の専制政治という社会発展の障害物を除去しなければ、平和も、民主主義も、国民生活向上も、どんな社会進歩の道も開かれえなかった当時の日本社会で、初めてその打倒と国民主権の実現をめざす日本共産党が出現したことは、日本社会に大きな影響を与えました。

誕生したばかりの日本共産党は、迫害や投獄に屈することなく、平和と民主主義の旗を掲げ、文字通り命

治安維持法下の弾圧犠牲者数

A	拷問による虐殺者	93人
B	服役中・未決勾留中の獄死者	128人
C	服役中、未決勾留中の暴行・虐待、劣悪な環境などによる発病で出獄・釈放後死亡した者（準獄死者）	208人
D	弾圧、周囲の圧力で再起できず自死	25人
E	宗教弾圧による虐殺・獄死者など	60人
F	検挙者数	68,274人
G	起訴者数	6,550人
H	起訴猶予	7,316人
	検束・拘留者数	数十万人

出所）Ａ～Ｅ：治安維持法犠牲者国家賠償要求同盟調査（2015年４月現在）。Ｆ～Ｈ：荻野富士夫氏調査（『特高警察』岩波新書）

治安維持法犠牲者国家賠償要求同盟『治安維持法と現代』№34、2017年秋季号をもとに作成

がけでたたかいました。そのたたかいは、暗黒政治のもとでも、平和と民主主義の源流が日本社会の内部に存在したことを示しており、その点で国民的意義をもつものです。

評論家の加藤周一氏は、戦前から党幹部として不屈に反戦平和をつらぬいた宮本顕治元議長の死去（二〇〇七年）に際し、「宮本さんは反戦によって日本人の名誉を救った」との談話を寄せました。この時期の党のたたかいは、国民全体の財産ともいえる意義を持っています。

また、侵略戦争と植民地支配に反対したそのたたかいは、今日、アジア諸国の人びととの信頼と友好の土台となる国際的意義を持っています。

戦前の党のたたかいは戦争放棄と国民主権の原則を明記した日本国憲法に結実し、現在と未来のたたかいのよりどころとなっています。

沖縄は地上戦の戦場となり

一九四五年初めには、日本の敗戦は必至という情勢になっていましたが、昭和天皇は戦争継続に固執しました。アメリカ軍は、三月末から総兵力約五五万で沖縄への上陸作戦を開始（沖縄本島上陸は四月一日）。地形が変わるほど激しい砲爆撃を加え、約一八万の米地上戦闘部隊が、日本軍がたてこもる陣地、洞穴を攻撃しました。

日本軍は、住民を根こそぎ動員しつつ、「降伏し、捕虜になることを許さない」としたため、犠牲をいっそう増大させました。司令官の自決で六月二三日に、組織的戦闘は終わりました。沖縄県によると沖縄戦の犠牲者は米軍と日本軍・県民合わせて推計で二〇万人以上（米兵の犠牲は約一万二〇〇〇人）、沖縄の県民四人に一人が命を奪われたともいわれる悲惨な事態でした。県民のなかには日本軍にスパイ扱いされて殺されたり、「集団自決」を強いられた人もいます。

ファシズムと軍国主義

ファシズムとは、ヒトラー支配下のドイツ、ムッソリーニ支配下のイタリアに代表的にあらわれた暴力的・専制的な政治支配の形態です。その特徴は、対内的には秘密警察や憲兵によるテロと恐怖の支配、共産党をはじめいっさいの平和・民主勢力の弾圧であり、対外的には他民族にたいするもっとも野蛮な排外主義と侵略戦争の政策です。

軍国主義とは、戦前の日本のような歴史的事例を特徴づけた用語で、国のあり方をすべて軍事最優先にし、戦争によって領土・利権の拡大をはかる考え方や、国民を全面的に統制する軍部中心の戦争推進体制を指しています。戦前の日本は、内政、外交、軍事をはじめ、国を統治する全権限を天皇が握る専制政治（絶対主義的天皇制）のもと、アジア諸国にたいする侵略と戦争の道をすすみました。

軍国主義日本と、ドイツ、イタリアというヨーロッパのファシズム国家は、一九四〇年に軍事同盟（日独伊三国同盟）を結成して、第二次世界大戦を推進し、甚大な被害を世界に与えました。

ポツダム宣言

第二次世界大戦末期の一九四五年七月二六日、アメリカ、イギリス、中国が、対日戦の終結、日本の降伏の条件を定めて、ドイツのポツダムで発した宣言。ソ連も対日参戦（四五年八月八日）にあたって、これに加わりました。

ポツダム宣言は、日本の戦争は、「無責任なる軍国主義」が、国民をだまして「世界征服」の挙に出た戦争だったと判定し、この誤りを犯した軍国主義の権力・勢力を永久に除去するとし、日本軍の無条件降伏、戦争犯罪人の処罰、日本の民主化・非軍事化を要求しました。また、「カイロ宣言」（四三年、アメリカ、イギリス、中国によって発せられた宣言。「領土の不拡大」を原則とし、日本の戦争を「侵略」と明瞭に規定、日本が「暴力と強欲」によって奪った地域の返還を求めた）を「履行」すると宣言しました。天皇制政府は、同年八月一四日、このポツダム宣言の受諾を決めて降伏しました。

ポツダム宣言の内容は、戦前の党の方針と合致し、党のたたかいの正しさを世界的に裏づけました。

二、現在の日本社会の特質

独立国としての地位

一九四五年、ポツダム宣言実行のために連合国の軍隊が日本を占領（進駐当初、約四〇万人）し、日本は主権をもつ「独立国としての地位を失い」ました。占領の最高議決機関としてワシントンに極東委員会が、東京に最高司令官の諮問機関として対日理事会がおかれましたが、実際に占領政策を実行したのはマッカーサーを最高司令官とする連合国軍総司令部（ＧＨＱ）でした。占領支配は「間接統治」の形をとり、マッカーサーの「指令」「覚書」「書簡」などを日本政府が執行する役目をおいました。

同時にアメリカは、沖縄を直接の軍事占領下におきました。アメリカは日本の占領支配を途中から事実上の単独支配に変え、一九五一年締結のサンフランシスコ平和条約と日米安保条約で沖縄の占領支配を継続するとともに、本土においても米軍基地を存続させ、日本を「アメリカへの事実上の従属国の立場」におきました。

サンフランシスコ平和条約

第二次世界大戦をたたかった日本と連合諸国が、戦争状態の終了と戦後処理について取り決めた平和（講和）条約。アメリカ・サンフランシスコの講和会議で、一九五一年九月八日に締結されました（四九カ国が調印）。

アメリカ主導の講和会議には、この戦争でもっとも犠牲を強いられた中国や朝鮮半島の代表は招かれず、インドなどが参加を拒否。ソ連や東欧諸国は署名しませんでした。戦後処理の大原則であった「領土不拡大」に反して、第三条で沖縄を日本から切り離してアメリカの施政権下に置き、第二条Ｃ項で千島列島の放棄を規定しました（米英ソは、ヤルタ協定〔一九四五年二月〕で、ソ連の対日参戦の見返りとして千島列島の引き渡しを秘密裏に取り決めていました）。そのため、沖縄は一九七二年まで米軍統治下に苦しみ、千島列島と、北海道の一部である歯舞群島・色丹島のソ連――ロシア占領が続いてきました。

平和条約発効で日本は占領から解放されるはずでしたが、アメリカは、協定にもとづく外国軍隊の駐留を「妨げるものではない」（第六条）との条項をもうけて日米安保条約を同時に押しつけ、米軍の駐留を継続。日本をアメリカとの軍事同盟にしばりつけました。

沖縄の占領支配を継続

第二次世界大戦後、日本本土と沖縄はアメリカの占領下におかれました。悲惨な地上戦が展開された沖縄本島では、県民は米軍によって収容所に押し込められ、農地も居住地も奪われました。その後、米軍の直接的な占領支配が続き、県民は割り当てられた土地にバラックを建てて悲惨な生活を余儀なくされました。

一九五一年九月に調印されたサンフランシスコ平和条約で、日本本土の占領は終わり、形の上では主権国家となりましたが、沖縄は第三条で本土から切り離され、アメリカの占領支配が継続しました。

五三年四月には基地拡張を狙った琉球列島米国民政府（米軍によって設置された統治機構）による「土地収用令」で、住民は「銃剣とブルドーザー」で土地を強奪され、伊江島などで新たな基地建設が強行されました。これに対し、島ぐるみの闘争となる抵抗運動が起き、祖国復帰運動につながっていきました。

（安保条約の）基地貸与条約という性格

一九五一年、サンフランシスコ平和条約締結後、国民に内容を知らせないまま締結された旧日米安保条約は、「アメリカ合衆国の陸軍、空軍及び海軍を日本国内及びその附近に配備する権利を、日本国は、許与」（第一条）するとして、占領終了後も、米軍の駐留、米軍基地の使用を認めました。安保条約のもとでつくられた行政協定は、「日本国は、合衆国に対し、安全保障条約第一条に掲げる目的の遂行に必要な施設及び区域の使用を許すことに同意する」（第二条）として、米軍が望めば日本のどこにでも基地をつくれる「全土基地方式」を採用。さらに、占領期に米軍が持っていた特権を、占領終了後も事実上引き継ぐ内容を規定していました。

一九六〇年に改定された日米安保条約は、旧安保条約から「全土基地方式」を引き継ぎ、行政協定に代わる日米地位協定は、米兵に対して日本に裁判権が事実上ないことや、基地返還時に原状回復義務がないこと、鉄道・電話・電力・港湾・空港・道路等を自由に無料で使用できることなど、占領時代の米軍の特権をあらためて引き継ぎました。

戦後七〇年以上がたった今日においても、沖縄をはじめ日本全国に一三二もの米軍基地が置かれ、住民は、無法な特権を行使する米軍による事件・事故の危険に日常的にさらされています。その根源は、日米安保条約とそのもとでの日米地位協定にあります。

日本をアメリカの戦争にまきこむ対米従属的な軍事同盟条約

一九六〇年に改定された日米安保条約は、その第六条で、米軍が望む場所を基地として利用できる「全土基地方式」を旧安保条約から引き継ぎました。加えて、第五条では、日本国の施政の下にある領域における、いずれか一方への武力攻撃に対し、「自国の憲法上の規定及び手続に従つて共通の危険に対処する」という「日米共同作戦条項」が新設されました。また第三条では、「締約国は、個別的に及び相互に協力して、継続的かつ効果的な自助及び相互援助により、武力攻撃に抵抗するそれぞれの能力を、憲法上の規定に従うことを条件として、維持し発展させる」として、軍事力を増強することまで定められました。

さらに、第二条では、「締約国は、その国際経済政策におけるくい違いを除くことに努め、また、両国の間の経済的協力を促進する」という「日米経済協力条項」が新たに定められました。軍事分野だけではなく、経済分野でも、日本はアメリカの意向に従って行動することを宣言しています。

その後、在日米軍基地はベトナム戦争やアフガン戦争、イラク戦争で米軍の出撃拠点となり、自衛隊はイラク・アフガン戦争で初めて海外の戦地へ派兵されました。現在、日本に駐留する米軍は、他国への干渉と介入の「殴り込み」部隊が中心で、在日米軍基地は海外侵略の拠点としての役割を強めています。日米安保体制を地球規模の軍事同盟に変質させた日米新ガイドライン（二〇一五年）と、違憲の安保法制＝戦争法（同年）のもと、日本を「戦争する国」にする策動がすすんでいます。海上自衛隊護衛艦の空母への改修や長距離巡航ミサイル導入などは、日米軍事一体化をすすめ、自衛隊を海外で武力行使する軍隊に変貌《へんぼう》させるものです。さらに憲法九条に自衛隊を明記し、海外での戦闘に無制限に参加させる改憲まで企まれています。

主権在民

国民主権（人民主権）ともいい、国民（人民）が国の政治のあり方を最終的に決定する権利をもつことをいいます。日本国憲法は、天皇が統治権を一手に掌握した明治憲法の天皇主権を否定し、「主権が国民に存する」（前文）、「主権の存する日本国民」（第一条）と、主権在民を明記しています。

戦後の憲法の制定にさいして、日本共産党はいち早く主権在民を主張しましたが、他の政党は、日本自由党、日本進歩党が〝統治権は天皇にある〟、日本社会党が〝統治権は天皇と国民が協同してもつ〟などの考えでした。一九四六年三月に政府が発表した新憲法案でも主権の存在があいまいにされたため、日本共産党は国会で修正案を出してたたかい、主権在民を日本国憲法に明記させるうえで重要な役割を果たしました。

国権の最高機関としての国会

日本国憲法は「国会は、国権の最高機関」（第四一条）と規定しています。国会は行政権に対し、内閣総理大臣を国会議員の議決で指名し（第六七条）、行政権を監督する権限を持つなど優越的な立場にあり、また裁判官を弾劾することができます。逆に内閣は衆議院の解散権を有し、裁判所は違憲立法審査権を持ちます。国会を国権の最高機関としたのは、主権者である国民の選挙で選出される国会議員によって構成され、唯一の立法権限を持つ国民の代表機関だからです。

しかし、安倍政権の暴走政治にみられるように現実には行政権の代表である内閣が、この規定を守らず国会や国民の真の意思に反した政治をすすめる場合があります。安倍政権以降、国民多数が反対する法案の強行採決が日常茶飯事となり、情報の隠ぺい、統計偽装、さらに首相を守るための公文書改ざんや、官僚による虚偽答弁が繰り返されています。立憲主義を回復し、憲法に明記されている「国権の最高機関」としての役割を本当に果たさせていくことが重要です。

一連の民主的平和的な条項

日本国憲法の定めた「一連の民主的平和的な条項」とは、「主権在民」――国の主人公は国民、「戦争の放棄」――戦争はしない、軍隊は持たない、国際紛争は平和的解決をめざすと宣言したこと、「基本的人権の尊重」――国民の自由と権利は、どんな理由があっても侵せない永久の権利と宣言したこと、「国権の最高機関としての国会の地位」――政府の独裁は許さない。国民が選んだ国会が最高の機関だということ、「地方自治」――住んでいる地域は住んでいる人たちの知恵と力で運営する、などの原理原則にもとづいて定められたものです。

憲法は、すべての人びとが個人として尊重されるために、最高法規として国家権力を制限し、人権保障をはかるという立憲主義の立場でつくられ、世界的にみても豊かな人権条項をもっています。たとえば憲法前文は、「政府の行為によつて再び戦争の惨禍が起ることのないやうにすること」と提起し、これを具体化したのが、戦争放棄の憲法九条です。

形を変えて天皇制の存続を認めた天皇条項

戦前の憲法では、天皇が主権者として絶対的権限をもっていました。戦後の日本国憲法は、その前文（「ここに主権が国民に存することを宣言し」）と、第一条（「天皇」の地位は、「主権の存する日本国民の総意に基く」）で、二重に国民主権の大原則を保障し、天皇は「国政に関する権能を有しない」（第四条）など、その位置づけは根本的に変わりました。現行憲法では、天皇は憲法の定める「国事行為」のみを行い、その行為も「内閣の助言と承認」を必要とする（第七条）として、天皇とその制度を主権者である国民の全面的なコントロールのもとにおいています。日本共産党は、憲法の「全条項をまもる」立場から、国政不関与という制限規定を厳格に守り、天皇の政治利用をはじめ、憲法規定からの逸脱の是正を求めています。

同時に、天皇の制度そのものが廃止されず、形を変えて存続したことは、民主主義の徹底に逆行する弱点を残したものです。一人の個人が世襲で「国民統合」の象徴となるという現制度は、民主主義および人間の平等の原則と両立しません。日本共産党は、「民主共和制の政治体制の実現をはかるべきだとの立場」です。しかし、その際も、日本共産党の「立場」の表明にとどめて憲法上の規定である天皇の制度の廃止を民主的改革の課題とせず、制度の存廃は、「将来、情勢が熟してきたときに、国民の総意によって解決されるべきもの」（綱領第一三節）との原則を堅持しています。

農地改革

第二次世界大戦後のポツダム宣言にもとづく日本の民主化措置の一つで、一九四七年から五〇年にかけて、地主制度の解体、農村の民主化を目的として実施された改革です。地主が所有している土地のうち保有限度（都道府県の平均で約一ヘクタール、北海道は四ヘクタール）を超える分（自分で農業をしていない地主は所有地の全部）を、強制的に小作人に売りわたすことを基本として実行されました。小作人とは、地主から農地を借りて耕作し、収穫の半分以上にもなる高い小作料を搾り取られていた農民のことです。

農地改革によって、戦前の支配体制の重要部分をなしていた半封建的な地主制度が基本的に解体し、国内の支配勢力の中心に大企業・財界がすわりました。

半封建的な支配関係がなくなった農村では、自作農となった農民の家族経営が日本農業の主力となりました。そして貨幣・商品経済が浸透し、農産物は商品として販売・購入され、農業機械、肥料、農薬、飼料の利用が拡大しました。その結果、農業分野はアメリカと日本の大企業の市場となり、両者の支配・収奪を受けることになりました。農民の暮らしにも商品経済が広がり、消費の拡大のなかで、大企業の新しい市場となりました。

農地改革によって農村にしばりつけられることのなくなった農民は、農業の自立的発展が妨げられるなかで都市に流出。農村は、高度成長が必要とした大量の低賃金労働者の供給源になりました。

（沖縄は）アジア最大の軍事基地

日本には、一三一もの米軍基地がおかれ、とくに国土面積が日本全体の約0・6％しかない沖縄に、全国の在日米軍専用施設面積の約七割（一万八六〇九ヘクタール）が集中しています。米軍は、名護市辺野古、東《ひがし》村《そん》高《たか》江《え》、伊江島などの基地建設・強化によって、沖縄の海兵隊基地を「戦略的出撃拠点」（米太平洋海兵隊の基地運用計画「戦略展望二〇二五」）――世界への「殴り込み」の一大拠点として抜本的に強化・固定化しようとしています。沖縄は文字どおりアジア最大の軍事基地です。

これらの基地の多くが、戦中・戦後、米軍によって強制接収された住民の土地につくられ、さらには米軍・米軍関係者が起こす事件や事故、騒音問題や環境問題などに県民は苦しめられてきました。

世界では軍事同盟が次つぎに解体しており、アジアで米軍基地が残るのは日本と韓国くらいです。フィリピンでは外国軍基地禁止の新憲法の実現を力に、百年来、居座っていた米軍基地を一九九二年までにすべて撤退させました。世界の流れに反し、日本では米軍の出撃拠点として在日米軍基地の増強が日米両政府により強行されています。沖縄では、多くの県民の反対を押し切り、高江にオスプレイ離着陸帯が建設され、辺野古では耐用年数二百年の新基地建設が強行されています。辺野古新基地建設は、政治的にも技術的にも完全に行き詰まっていますが、自公政権は、県民、国民の反対の声を踏みにじって、アメリカいいなりで基地建設を強行しています。

宜野湾市の中央に位置する米軍普天間基地。沖縄県は、地域振興の著しい障害になっているとしています（沖縄県のホームページから）

これらの暴挙の大本には、米軍が望む

るところにはどこにでも基地をつくることができるとする日米安保条約があります。

施政権返還

一九五二年四月二八日に発効したサンフランシスコ平和条約で、日本は形の上では主権国家となりましたが、沖縄は本土から切り離され（同条約第三条）、アメリカの軍政下におかれました。米軍は立法・司法・行政の施政権を握り、県民の意に反する基地拡張や核兵器の持ち込みを強行しました。沖縄県民は島ぐるみのたたかいを展開、条約改定なしに一九七二年五月一五日に日本復帰・「施政権の返還」をかちとりました。日米両政府は、「核抜き、本土並み」と宣伝しましたが、基地の重圧から沖縄を解放せず、アメリカの世界戦略の拠点として強化を続けてきました。

今日も、米軍・米軍関係者が重大事故・犯罪を引き起こしても、日本側は米軍の許容範囲でしか手出しできないなど、日米地位協定にもとづく米軍特権がまかり通る植民地的実態がはびこっています。

わが国の領空、領海をほしいままに

日本の領空、領海内には、首都東京の空を含む関東甲信越、一都九県の上空に広がる「横田エリア」をはじめ、「嘉手納エリア」や「岩国エリア」の米軍専用空域など、米軍が独占的・優先的に使用できる空・海域が存在しています。また米軍は、わが国の領空、領海に低空飛行ルートを設定して低空飛行訓練を実施し、爆音や衝撃波、強い風圧など、甚大な被害をうみだしています。さらに米軍は、全国各地に訓練区域を設定し、実弾射撃をはじめ、住民を追い出して軍事訓練を強行しています。こうした異常な事態の背景には、日米安保条約やそれにもとづく日米地位協定、加えて日米間の「密約」によって、米軍が、日本国内で必要とする「施設及び区域」を自由に利用でき、しかも航空法など日本の国内法が適用されず、基地内の排他的管理権を持つといったさまざまな特権を持っているという問題があります。日本の主権を確保し、国民の平和と安全を保障するためにも、日米地位協定の抜本的改定や日米「密約」の破棄、さらにその大本にある安保条約の廃棄が必要です。

ビキニ

一九五四年三月一日、アメリカは太平洋中部のマーシャル諸島・ビキニ環礁で水爆実験を実施しました。これは広島に投下した原爆の千倍規模の威力のもので、マーシャル諸島の島民や日本の漁船などに深刻な被害を与えました。ビキニの東一六〇キロメートルの海上でマグロ漁をしていた第五福竜丸の乗組員が被ばく、無線長の久保山愛吉さんが死亡しました。第五福竜丸以外にも、被災した漁船・漁民は多数いました。日本は、広島、長崎に続き、ビキニでも被爆し、三たび核兵器の犠牲となりました。ビキニでの核実験への抗議がきっかけとなって、五五年八月、第一回原水爆禁止世界大会が広島で開催されました。

日米両政府は、水爆実験からわずか一〇カ月後、まだ被害の全容も明らかにならない段階で、第五福竜丸関係を含めわずかな物的被害の補償で済ませる「政治決着」をはかりました。その後、第五福竜丸のほかに被災した日本のマグロ漁船の元乗組員や遺族らが、国に賠償を求める訴訟を起こし、裁判では、元漁船員らの被ばくの事実を認定し、救済の必要性を検討すべきとの判決を勝ちとりました。被害者が高齢化するなか、政府の真摯《しんし》な対応が求められています。

核兵器持ち込みの「核密約」

日本政府は米政府との間で、日本に「立ち入り」・「飛来」する米艦船や航空機への核兵器搭載について、条約上の権利として認める秘密の取り決め（＝密約）を結んでいます。二〇〇〇年の国会審議で、不破哲三委員長（当時）は、一九六〇年の安保条約改定時に日米間で結ばれた「討論記録」と題された決定的な文書を示してその存在を公にし、真相を追及しました。

また、「重大な緊急事態」のさい、沖縄への核兵器の再持ち込みを認めた密約（一九六九年の「佐藤・ニクソン合意議事録」）もあります。米国防総省が二〇一五年に公開した歴史書では、「危機の際に核兵器を（沖縄に）再持ち込みする権利」がいまも有効であること、核兵器の再持ち込み基地として嘉手納、那覇、辺野古などを「いつでも使用できる状態に維持」するよう指示されていることが明らかになりました。

自衛隊は、事実上アメリカ軍の掌握と指揮のもとにおかれ

自衛隊は、発足当初（一九五四年）から、アメリカ軍の掌握と指揮のもとにおかれていました。一九五四年二月、アリソン駐日大使は、米議会で、「吉田首相はハル将軍（米極東軍司令官）と私とにたいし、在日米軍の使用を含む有事の際に、最高司令官はアメリカ軍人がなるであろうことにはまったく問題ない、との個人的な保証を与えました」と証言。自衛隊が発足時から米軍の指揮下にあることを認めています。

その後、アメリカの要求にもとづいて自衛隊の軍事力の増強、アメリカの世界戦略における役割の強化が続いてきました。二〇〇一年九月に発生した同時多発テロへの報復として、アメリカは同年一〇月、アフガニスタンに軍事侵攻してタリバン政権を崩壊させ、二〇〇三年には、イラクに侵攻してフセイン政権を倒しました。日本政府は、アメリカの無法な軍事攻撃に追随し、アフガン戦争では自衛隊の護衛艦や補給艦をインド洋、アラビア海に派遣、イラク戦争では、一万人近い自衛隊員をイラクに派兵しました。二〇〇五年に日米間で合意した「日米同盟の変革と再編」では、米軍と自衛隊が一体となって海外での共同作戦を可能にする態勢づくりが打ち出され、米軍と自衛隊の間で司令部機能の統合、基地の共同使用、共同演習の拡大、情報・通信ならびに作戦と運用の一体化などをすすめることが確認されました。二〇一五年、安倍政権は集団的自衛権の行使容認を閣議決定し、日米安保体制を地球規模の軍事同盟に変質させた日米新ガイドラインと安保法制＝戦争法のもとで、アメリカが起こす戦争に、自衛隊が切れ目なく参戦する態勢づくりがすすめられています。

いまや世界有数の軍隊となった自衛隊は、米軍との軍事一体化をすすめ、アメリカの世界戦略の重要な一翼を担う軍隊へと変貌《へんぼう》しています。

（日本の政府代表は）しばしばアメリカ政府の代弁者の役割を果たしている

第二次大戦後、アメリカは国連憲章と国際法を踏み

にじって数多くの先制攻撃を実行しました。そのうち一九八三年のグレナダ侵略、八六年のリビア爆撃、八九年のパナマ侵略に対しては、国連総会が圧倒的多数でアメリカを名指しで非難する決議を採択しましたが、日本政府はどの決議にも賛成しませんでした。逆に、二〇一五年五月に安倍首相が「日本は米国の武力行使に国際法上違法な行為として反対したことはありません」と答弁したように、日本政府はアメリカの武力行使に常に「理解」や「支持」を示してきました。

二〇二〇年一月、トランプ大統領の指令のもと、米軍はイラン革命防衛隊司令官を先制攻撃で殺害。アメリカの無法に国際的批判がわきおこりましたが、安倍首相は一切批判せず、逆に、トランプ大統領の対イラン「有志連合」の呼びかけに応えるかたちで、中東沖に自衛隊を派兵しました。

武力行使の問題だけではありません。二〇一七年、核兵器禁止条約のための国連会議（三月の第一会期、六月から七月の第二会期）に、「核抑止力に影響が及ぶ」と参加しなかったトランプ政権に従い日本政府は不参加を宣言。条約成立後も、「署名しない」と表明しました。唯一の戦争被爆国の政府でありながら、アメリカに追随する態度は国内外からきびしい批判をあびました。日本政府は外交でも軍事でも経済でも、アメリカに従い、その代弁者の役割を果たしています。

対米従属的な国家独占資本主義

資本主義経済は、世界的にみると二〇世紀はじめまでの間に、生産手段が少数の大企業に集中した独占的段階に達しました（独占資本主義）。「国家独占資本主義」とは、この独占資本主義が、大企業の利潤追求のために国家が経済に介入するような体制にまで達したことを指します。第一次世界大戦で国の経済を戦争に総動員する体制となったことを一大契機として生まれ、世界大恐慌、第二次世界大戦をへて発展してきました。今日の日本では、国家による経済への介入は、①法律や行政指導、②税制と財政、③金融による介入などの多様な形態をとっています。

戦後日本の国家独占資本主義は、「きわめて異常な国家的な対米従属」のもとで発展してきました。日本経済にたいするアメリカの介入は、エネルギー分野（石炭から石油への置き換え、原子力の押しつけなど）

や食料支配、金融支配（「プラザ合意」による超低金利政策など）、公共投資の押しつけ、さらにはアメリカ政府から日本政府に、規制緩和など構造的な改革を求める「年次改革要望書」を提出し、その具体化を求めるなど、さまざまな形をとってきています。アメリカの要求は、日本政府の経済政策にしばしば誤った方向づけを与え、日本経済と国民生活に危機と矛盾を拡大してきました。

過労死さえもたらす長時間・過密労働

資本は利潤を増やすために、労働者の労働時間を長くしたり、時間当たりの労働量を増やしたりして搾取を強めます。労働者はそれに歯止めをかけるルールをたたかいでかちとってきましたが、日本は労働時間関係のＩＬＯ（国際労働機関）条約を一本も批准していないばかりか、国内法に実効的な規制がなく、多くの職場で長時間労働が常態化しています。

民間企業では過酷なノルマや成果主義が労働者に押しつけられ、公務職場でも業務量の増大と正規職員の削減が長時間・過密労働を広げています。男性正規労働者の五人に一人（総務省「就業構造基本調査」二〇一七年）、公立学校では半数の教員が「過労死ライン」とされる週六〇時間以上の長時間労働に追い込まれています（連合「教員の勤務時間に関するアンケート」）。

過労死・過労自殺（未遂含む）の労災認定は年間一五八件に上り、精神障害に関する労災請求は過去最多の一八二〇件に達しています（厚生労働省「過労死等の労災補償状況」二〇一八年度）。

一九九七年に労働基準法の女性保護規定が撤廃されたもとで、近年はワタミや電通の社員、ＮＨＫ記者など二〇～三〇代の女性の過労死も後を絶ちません。

根底には、自公政権が、残業規制を「骨抜き」にし、高度プロフェッショナル制度＝残業代ゼロ制度を導入するなど、長時間労働の規制に背を向け、逆に拡大する立場をとっている問題があります。

著しく差別的な不安定雇用

非正規労働者は、正規の六割程度という低賃金をはじめ、各種手当や退職金、有給休暇、福利厚生、社会保険などで著しく差別されるとともに、常に失業の不安にさらされています。新型コロナウイルスによる経済危機で、真っ先に解雇されたのは非正規雇用の労働者でした。利潤第一主義の資本主義は、労働者を低賃金で必要な時だけ使い、コストを削減しようとします。これに対して労働者は、「生活できる賃金」「期間の定めのない安定した雇用」「雇用のルール」を求めてたたかってきました。

日本の大企業・財界は、一九九五年に発表した二一世紀経営戦略＝「新時代の『日本的経営』」で、大多数の労働者を低賃金・不安定雇用の非正規とすることを宣言しました。これを受けて自民党政権も、派遣法の度重なる改悪や有期雇用契約の規制緩和など、これまで以上に雇用ルールの破壊をすすめ、不安定雇用拡大の環境づくりをしてきました。その結果、解雇しやすいパート・アルバイトや有期雇用、雇用責任をあいまいにする派遣などの非正規が労働者全体に占める割合は、一九九五年の20％から二〇一八年の38％へと増加しています。とりわけ女性労働者の約六割が、低賃金・不安定な非正規雇用労働者で差別的な扱いを受けています。さらに自公政権は、フリーランスなど、非正規雇用ですらない「雇用関係によらない」働かせ方を拡大し、労災も有給休暇もなく、最低賃金も適用されず、解雇も自由という、労働者としての権利ゼロの働かせ方を広げようとしています。

「サービス残業」という違法の搾取方式

「サービス残業」とは、使用者が労働者に残業代を支払わない、ただ働き残業のことです。

搾取強化の一番簡単な方法は、労働時間を長くして「不払い労働」部分を増やすことです。そのため、労働者側は残業には割増賃金をつけて、長時間労働を抑制するたたかいをしてきました。

日本の労働基準法も、労働時間を一日八時間、週四〇時間と定め、これを超えて働かせる場合、使用者は規定の割増賃金（割増率は25％以上50％以下）を労働者に支払うことを義務づけています。ところが、ヨーロッパと違い、残業の上限を定めていないため、長時間労働が野放しになっています。それだけでなく、企業犯罪である「サービス残業」が横行しています。

この背景には、労働時間の厳格な管理を企業側に義務づける明文の規定が労基法にないため、労働時間を過少に申告させられることが許され、ただ働きが隠されているという実態があります。

日本共産党は、二〇〇〇年に「サービス残業根絶法案」を提出し、〇一年には厚生労働省に、労働時間の把握・管理は使用者の責務であるとする通達を出させました。また一三年には、「ブラック企業規制法案」を参議院に提出、「サービス残業」代の倍加、情報公開などを求めました。一七年には「長時間労働を解消し、過労死を根絶するために」を提案。①残業時間の上限規制と割増残業代の支払い、②パワハラ規制、③労働法を守らせる監視体制の強化、などを提唱しました。

ヨーロッパのような解雇規制の立法も存在しない

経営上の都合による整理解雇について、ヨーロッパにはＥＵの「集団整理解雇指令」（一九七五年、九八年改正）が存在します。「集団整理解雇を回避、限定し、また結果を和らげる措置の可能性も含めて」、「合意する目的をもって」労働者代表と協議することを使用者に義務づけています。ＥＵ各国は、これを国内法化しています。

日本には、現在まで、このような解雇規制の立法が存在しません。しかし、労働者・労働組合が全国で解雇撤回の裁判闘争に立ち上がり、「整理解雇の四要件」（①人員整理の必要性、②解雇回避の努力、③被解雇者選定の妥当性、④協議・説明義務）という重要な判決を最高裁などで勝ちとってきました。日本共産党は、この「整理解雇の四要件」を明記した解雇規制法の制定を求めています。

女性差別の面でも、国際条約に反するおくれた実態

一九七九年に国連で採択された女性差別撤廃条約は、男女の完全な平等、女性に対するあらゆる差別の撤廃をめざし、締約国にそのための必要な措置を求めています。日本政府は八五年にこの条約を批准したものの、条約にもとづく実質的な改善をすすめることをサボタージュしつづけています。条約の実施状況を検

討する女性差別撤廃委員会からは、改善を求める厳しい勧告が繰り返し出されています。民法などの法律に残る夫婦別姓を認めない差別的条項、国・地方の議会、行政、司法など公的分野の女性の参加の少なさ、男女の賃金格差の大きさ、非正規雇用やパート労働に女性が集中しているなど、そのどれもが、日本の女性が解決を切実に求めてきた課題です。形の上では差別をしていない規定や基準でも、実質的には一方の性に不利益になる「間接差別」にあたるものも多く、障害を持つ女性、移民・外国人の女性、性的マイノリティーの女性などは、より厳しい差別にさらされるといった「複合差別」も見られます。

日本は世界経済フォーラムが公表する「ジェンダーギャップ指数」で、世界一五三カ国中一二一位（二〇一九年）。経済分野では、男女の賃金格差、女性の非正規雇用の割合の高さなど、雇用上の差別が目立ちます。もっとも遅れた政治分野では、一四四位でワースト10に入りました。女性国会議員や女性閣僚が圧倒的に少ないことが影響しています。世界では当たり前の男女平等のルールづくりを日本でも行うことが求められています。

公権力による人権の侵害

日本では憲法によって基本的人権が保障されているにもかかわらず、ヨーロッパ諸国などと比較して人権保障が遅れています。警察などの公権力についていえば、とくに被疑者を留置場に長期間勾留すること、被逮捕者に自白を迫る強権的な尋問態度、その結果多発している冤罪《えんざい》などに、人権侵害が顕著に現れています。また、犯罪捜査にとどまらず、盗聴や監視カメラによる監視などをつうじて、ひろく国民のプライバシーが侵害されていることも問題です。

自公政権は、特定秘密保護法（二〇一三年）、盗聴法の適用拡大（一六年）、共謀罪法の強行（一七年）など、国民の目と耳と口をふさぎ、自由と権利を侵害し、モノ言えぬ監視社会への動きを加速させてきました。

さらに、生活保護の申請や保護費の支給をめぐっても、過度の生活干渉が行われたり、税務調査でも不当な人権侵害が指摘されているなど、いろいろな公の機関による人権侵害が依然として絶えない実態があります。この侵害にたいして、綱領が第四章で掲げているように「国民の基本的人権を制限・抑圧するあらゆる企てを排除」する改革が重要です。

日本経済に不可欠の役割を担う中小企業

全企業数三五七万九〇〇〇社のうち、中小企業は三五七万八〇〇〇社で全体の99・7％を占め、うち小規模企業は三〇四万八〇〇〇社で全体の84・9％となっています。従業員数で見ても、総数四六七九万人中、中小企業は三二二〇万人で68・8％を占め、うち小規模企業が一〇四四万人で22・3％となっています（『中小企業白書二〇二〇年版』）。地域に根をおろし、モノづくりやサービスでの需要にこたえ、雇用を生み出す中小企業の役割はますます大きくなっています。

綱領では、この中小企業が「大企業との取り引き関係でも、金融面、税制面、行政面でも、不公正な差別と抑圧を押しつけられ、不断の経営悪化に苦しんでいる」と指摘しています。国の二〇二〇年度予算では、中小企業対策費は一七二三億円、前年比一七億円減です。一般歳出全体（政策経費）に占める割合は、わずか0・28％と九年連続で史上最低を更新しています。

新型コロナの対応でも、持続化給付金や家賃補助などを世論と運動や国会論戦で設けることができましたが、あまりに遅い対応です。しかも、たとえば中小企業やフリーランス向けの持続化給付金は、売り上げが半減以上に落ちた場合との線引きがあり、困っている人すべてに届かないという大穴が空いています。

特権官僚

国の行政機構は、法律的には政府の指揮下にありますが、実際には独自のかなり大きな権限をもち、アメリカや財界・大企業、政治家と無数の糸によって独自の結びつきをもっています。「特権官僚」とは、この行政機構の上層にあって大きな権限を行使している集団を指します。彼らは、内閣の政策決定にかかわり、法律の改廃と解釈、行政指導などで権限をふるっています。また、「天下り」などで利益を得ています。

彼らは、特別の採用試験で最初から幹部候補生として扱われ（「キャリア・システム」）、大多数の国家公務員労働者とはっきり区別されます。日本の公務員制度は、戦前「天皇の官吏」と位置づけられていたことへの反省から、「すべて公務員は、全体の奉仕者であって一部の奉仕者ではない」（憲法第一五条）と規定されましたが、実際には歴代自民党政権のもとで、こうした特権官僚集団が維持されてきました。

安倍内閣は、二〇一四年の国家公務員法改悪によって、内閣官房に内閣人事局を新たに設け、「幹部職員人事の一元管理」のしくみをつくりました。これによって官僚人事への官邸による恣意的な介入が可能となり、政権が掲げる政策推進のための官僚機構となって、深刻な弊害が生まれています。

アメリカの先制攻撃戦略

武力攻撃がなくても、侵略の危険があるなどとアメリカが勝手に判断すれば、一方的に軍事攻撃を行う戦略のこと。国連憲章は紛争の平和解決を基本原則としており、アメリカの先制攻撃戦略は、平和の国際秩序に挑戦する危険な戦略です。歴代米政権は、ベトナム戦争後も、グレナダ（一九八三年）、リビア（八六年）、パナマ（八九年）など一方的な軍事攻撃を繰り返し、国連総会は、この三件をいずれも軍事侵略として非難する決議を採択しています。

しかし、ブッシュ政権（二〇〇一年一月～〇九年一月）は、〇二年九月発表の「国家安全保障戦略」で「敵対者による敵対的行動の機先を制し、あるいは阻止するために、必要とあらば先制的に行動する」と明記し、あからさまに先制攻撃戦略を国家戦略とすることを宣言。「イラクの大量破壊兵器の脅威」を口実に〇三年三月に始まったイラク戦争は、この戦略にもとづくものでした。

中東へ向け海自横須賀基地を出港する護衛艦「たかなみ」＝神奈川県横須賀市

イラク戦争は、多数の民間人死傷者を生んだほか、中東に深刻な混乱をもたらし、過激武装組織ＩＳ台頭の温床となりました。オバマ政権（〇九年一月～一七年一月）は、イラク戦争のような大規模紛争の終結をめざす一方、「永続的利益が求める場合、必要なら一方的に軍事力を行使する」（一五年国家安全保障戦略）との立場で、テロ組織掃討などで一方的な武力攻撃を続けました。

トランプ米政権は、二〇一七年四月、シリアのアサド政権が化学兵器を使用したとして、シリア政府の空軍基地へ、トマホーク・ミサイルによる先制攻撃を強行。翌一八年四月にも、同様の理由で、国連決議も米国議会の承認もないままシリアの化学兵器関連施設を空爆しました。さらに二〇年一月、イラン革命防衛隊の司令官を無人機による攻撃で殺害するなど、無法な先制攻撃で軍事的緊張を高めています。

アジアにおける軍事的緊張の危険な震源地

アメリカは、日米安保条約にもとづいて日本に米軍基地を置き、ベトナム戦争やイラク・アフガニスタン戦争にみられるように、侵略・干渉戦争の出撃地としています。またアメリカは、自国の判断で一方的に軍事攻撃を行う先制攻撃戦略をとっています。

こうしたアメリカの戦略に呼応して、歴代自民党政府は、自衛隊の海外派兵の範囲と水準を一歩一歩拡大し海外派兵を既成事実化してきました。二〇一四年、安倍内閣は集団的自衛権行使を容認し、一五年には日本が攻撃を受けていなくてもアメリカの戦争に自衛隊が参戦できる戦争法を強行しました。二〇年度の軍事予算は、六年連続で過去最高を更新。自公政権は、トランプ大統領いいなりで米国製兵器を「爆買い」し、海上自衛隊護衛艦の空母化や長距離巡航ミサイルの導入など、自衛隊を軍事力の点でも、海外で武力行使する軍隊へと変貌《へんぼう》させようとしています。

離陸する米空母艦載の戦闘機＝山口県岩国市の米軍岩国基地

さらに、「戦争する国づくり」の最大の目標として、憲法九条に自衛隊を明記する改憲を狙っています。これは「戦力不保持」を定めた九条二項の制約を取り払い、自衛隊をアメリカが行う海外での戦闘に無制限に参加できるようにするものです。

日本の海外派兵の拡大や憲法改悪の動きは、アジア地域の緊張を高めています。その根源である安保条約をなくし、米軍基地を撤去すること、日本国憲法の平和的民主的諸条項の完全実施をすすめることで、日本はアメリカの戦争の根拠地から抜け出し、世界とアジアの平和に大きな前進をつくり出すことができます。

三、二一世紀の世界

民族の自決権は公認の世界的な原理という地位を獲得

民族の自決権とは、それぞれの民族が、独立した国家をつくることをふくめ、自らの社会体制や政治制度、国の進路などを、外部からの制約を受けずに自主的に決定する権利のことです。

二〇世紀初頭、世界は帝国主義列強によって分割され、多くの民族が植民地体制のもとで他民族の抑圧下におかれました。各地で民族独立運動がおこり、二〇世紀半ばには、百を超える国ぐにが主権国家となりました。

民族の自決権が世界の課題として提起されたのは、一九一七年のロシア革命です。「平和についての布告」「ロシア諸民族の権利の宣言」などで民族自決の原則を掲げました。

第二次大戦後、民族独立を求める諸国民のたたかいが広がり、一九五五年にアジア・アフリカの二九カ国が参加したバンドン会議は、「自決権はすべての民族によって享受」されるべきだと主張。六〇年の国連総会は、アフリカでの多くの独立国の誕生をうけ、「植民地と人民に独立を付与する宣言」を採択し、民族自決権を国連として宣言。民族の自決権は世界的な原理として公認されるに至りました。

非同盟諸国会議

軍事同盟に加わらず、世界平和と民族自決権の確立、公正な世界秩序の樹立を掲げて活動している諸国の集まりで、戦後、植民地支配から独立した国ぐにが主要な構成国となっています。一九六一年の第一回首脳会議は、二五カ国の首脳が参加して旧ユーゴスラビアで開催されました。現在、一二〇カ国が正式参加し、一七カ国がオブザーバー参加しています。

今日、非同盟諸国は、国連憲章にもとづく平和の国際秩序、核兵器の廃絶、公正で民主的な国際経済秩序をめざす巨大な潮流として、国際政治で重要な役割を果たしています。二〇一七年の国連会議での歴史的な核兵器禁止条約の成立に大きく貢献しました。この条約は、核保有国が核軍備縮小・撤廃の国際公約を裏切り続けるなかで、一九九〇年代後半から、非同盟諸国が中心となって「核兵器のない世界」のための法的な枠組み確立にむけた機運を広げ、核保有大国の圧力や妨害にもかかわらず交渉を重ねて、結実させたものです。

二〇一九年の第一八回首脳会議で採択した「バクー宣言」では、一部大国の自国優先主義を強くけん制し、国連憲章と国際法の順守、国連を中心とする多国間主義、国家発展モデルの多様性の尊重、核兵器廃絶への決意を表明しました。

日本共産党は、日本がいかなる軍事同盟にも参加せず、すべての国と友好関係を結ぶ平和・中立・非同盟の道を進み、非同盟諸国会議に参加することをめざしています。

国民主権の民主主義の流れ

二〇世紀を迎えたときには、地球上の大多数の国が主権在君＝君主制の国であって、共和制＝国民主権の国はフランスやアメリカなどわずかにすぎませんでした。また、多くの国が植民地・従属国として独立すらしていませんでした。

しかし、二〇世紀の間に、世界の大部分の国が、国民主権を求める国民多数の要求のもと、君主制を廃止して民主主義国になりました。植民地・従属国を脱して独立をかちとった国ぐにも、その大多数が国民主権の民主主義国となりました。そのなかで、日本も、天皇絶対の専制政治から、主権在民を原則とする民主政治の国へと転換しました。

なお、現在でも君主制をとっている国が世界に約三〇カ国ありますが、それらの国のほとんどが、実際の政治の上では国民主権の原則を確立しています。いまでも絶対的な君主制をとっている国といえば、ペルシャ湾岸にわずかに残るだけです。このように今日では、国民主権という民主主義の流れは、世界の本流になっているということができます。

人権を擁護し発展させることは国際的な課題

人権問題は、第二次世界大戦までは国内問題とされ、外国からの口出しは無用とされてきました。しかし、ファシズムと軍国主義による人権の蹂躙《じゅうりん》が第二次世界大戦への道を開いたという歴史の教訓を踏まえ、戦後、「国際的な人権保障」という考え方が登場しました。

第二次世界大戦後、国際的な人権保障の流れが豊かに発展し、一九四五年の国連憲章、四八年の世界人権宣言、六五年の人種差別撤廃条約、六六年の国際人権規約をはじめとする一連の国際法と、その実現のためのしくみがつくられてきました。

人権保障が国際的に発展する背景には、全世界の草の根からの運動、とりわけ民族独立運動による植民地体制の崩壊という「世界の構造変化」が、積極的役割を果たしました。また、一九九三年の世界人権会議で採択された「ウィーン宣言」は、すべての人権と基本的自由を「助長し保護する」ことは、「体制のいかんを問わず、国家の義務である」と明記しました。

こうした国際的な到達点のもとで、中国による香港への「国家安全維持法」の導入（二〇二〇年五月）などの人権抑圧の強化やウイグル自治区などにおける人権抑圧、アメリカでの警察官による黒人男性殺害（二〇年五月）などの人種差別に対して、国際的な批判が大きく高まっています。ところが日本政府は、中国やアメリカの人権侵害に対して、まともな抗議をせず、その対応が問われています。

アメリカでの警察官による黒人殺害事件に対し、日本をはじめ世界各地で抗議デモが起きました＝2020年６月14日、東京都渋谷区

国際連合の設立と……戦争の違法化

二〇世紀初頭まで、戦争は一般に国家の「合法的な

権利」とみなされていました。しかし、三七〇〇万人以上の犠牲者を出した第一次世界大戦（一九一四～一八年）の反省から、戦争を違法なものとする国際的な合意がつくられていきました。

一九二〇年に成立する国際連盟の基本法である国際連盟規約（一九年）は、全加盟国が「戦争に訴えざるの義務」を受諾することを定めました。さらにパリ不戦条約（二八年）は、「国家の政策の手段としての戦争の放棄」を定めるなど戦争を一般的に禁止しました。

第二次世界大戦（一九三九～四五年）後、日本やドイツによる侵略戦争を断罪したうえで、集団的な安全保障機構として国際連合（国連）が設立（四五年）されます。国連憲章は、加盟国に紛争の平和的解決を義務づけ、「武力による威嚇又は武力の行使」を禁止して、戦争の違法化を完全な形まですすめました。個別の武力行使は、自国が武力攻撃を受けた場合の「自衛」以外には認められていません。

真剣に社会主義をめざす一連の積極的努力

ソビエト政権は一九一七年、「平和に関する布告」「ロシア諸民族の権利の宣言」を発表。第一次大戦のすべての交戦国に、無併合、無賠償、即時講和を呼びかけ、帝政ロシアが併合した民族に独立国家を建設する自由を認めました。帝政ロシアが他国に押しつけた不平等条約も破棄し、奪った土地を返還し、秘密協定を公表しました。ソビエト政権が民族自決権の完全な承認を対外政策の根本にすえたことは、世界の植民地体制の崩壊を促すものとなりました。

「勤労し搾取されている人民の権利の宣言」を発して、両性の平等、社会保障、教育権、労働者の団結権、休息の権利などを定めました。

外国からの干渉戦争と国内戦が収束した一九二〇年代初めに、市場経済を否定する「戦時共産主義」を改め、市場経済を通じて経済発展への道を進む「新経済政策」に転換し、外交・通商を通じて資本主義国との平和共存政策をとりました。

自主独立の党

一九五〇年、ソ連のスターリンは、第二次大戦後のアメリカの軍事戦略の重点をヨーロッパからアジアに移させるため、北朝鮮の金日成に朝鮮戦争を引き起こさせました。そのうえで米軍の後方をかく乱するため、中国共産党を「副官」として、日本共産党に武装闘争を押しつけようと干渉します。それに党中央の一部が内通・呼応して、中央委員会が解体されました（「五〇年問題」）。日本共産党は、これを克服する過程で、自国の革命運動の進路は自らが考えて決め、他国の干渉や覇権は許さないという自主独立の路線を確立しました（一九五八年の第七回党大会）。

一九六〇年代、ソ連と中国・毛沢東派がそれぞれ、日本に反日本共産党の流れをつくり、内通者を支援してニセの「共産党」をつくろうとします。日本共産党は自主独立の路線のもと、これを打ち破りました。

一九六八年、ソ連のチェコスロバキア侵略（次の項）にたいして日本共産党は、他国の主権と独立を守ることこそ科学的社会主義の原則だと、きびしく批判しました。

ソ連共産党は、一九七九年の日ソ両党首脳会談で日本共産党にたいする干渉への反省を述べました。ところがその直後に、ソ連はアフガニスタンに軍事介入。日本共産党は、民族自決権を侵害する侵略行為として、ソ連に撤退を要求しました。

中国共産党は、一九九八年の両党会談の合意文書で、「内部問題相互不干渉の原則にあいいれないやり方をとった」と誤りを認めました。

二つの大国の党から乱暴な干渉を受け、自主独立の立場からそれを打ち破った党は、世界でも日本共産党だけです。

チェコスロバキアやアフガニスタンにたいするソ連の武力侵略

一九六八年八月、ソ連を中心とした軍事同盟加盟の五カ国軍（ソ連、東ドイツ、ポーランド、ブルガリア、ハンガリー）がチェコスロバキアを軍事侵略。全土を占領して、政府・党の指導部を逮捕しました。チェコスロバキアでは、ソ連への従属、官僚主義・命令主義のソ連型体制からぬけだそうとする運動が高まり、政府や党の指導部も改革派が占めていました。五カ国軍の侵略は、改革運動を弾圧し、ソ連いいなりの体制を維持しようとする行動でした。日本共産党は、侵略は、チェコスロバキア人民の主権と独立を踏みにじる科学的社会主義の原則から逸脱した大国主義だと批判、干渉の即時中止と軍隊の撤退を要求しました。

ソ連は、一九七九年一二月、アフガニスタンに武力侵略を行い、ソ連のいいなりにならないアミン首相を殺害、カルマルという人物を政権につけました。他国の政権を軍事力で打倒し、かいらい政権を打ち立てて「勢力圏」を守ろうとする覇権主義的蛮行でした。日本共産党は、赤旗特派員を現地に派遣して独自の調査もすすめ、ソ連軍の行動が、アフガニスタン人民の民族自決権を侵害する侵略行為であることをきびしく批判し、即時撤退を要求しました。

社会主義とは無縁な人間抑圧型の社会として、その解体を迎えた

東欧諸国で、一九八九年に人民の不満が爆発し、ソ連追従の体制が次つぎと崩壊しました。九一年には、ソ連共産党が解散、ソビエト連邦も解体されました。日本共産党は、一九六〇年代以来、ソ連覇権主義との闘争に正面から取り組みながら、ソ連社会の実態や歴史（人権抑圧、スターリンの専制政治、農業「集団化」の歴史など）について研究し、認識を深めてゆきました。さらに、ソ連崩壊後に明らかになった諸事実をもとに、旧ソ連社会の経済的土台についても考察を深め、一九九四年の第二〇回党大会で、「ソ連社会は、対外関係においても、国内体制においても、社会主義とは無縁な人間抑圧型の社会であった」との結論的認識に到達しました。

社会主義とは、人間の解放を最大の理念とし、人民が主人公となる社会をめざすものです。旧ソ連では、工業の「国有化」や農業の「集団化」によって社会主義建設が前進しているとされていましたが、これらは実際には、社会主義の理念とは逆に、人民を経済の管理からしめだす専制主義、官僚主義の体制の土台となっていました。さらに、強制収容所での囚人労働の制度が、社会の全体を恐怖でしめつけていました。こういう体制

ソ連社会の実態、歴史について全面的に明らかにした第20回党大会＝1994年7月、静岡県・伊豆学習会館

が「社会主義」と無縁であることは明白です。東欧諸国で崩壊したのも、スターリンによって押しつけられたソ連型の支配体制でした。

ソ連・東欧の崩壊は、世界の平和と社会進歩の流れを発展させる新しい契機となり、さらに、世界の革命運動の健全な発展への新たな可能性を開きました。

市民社会

改定綱領での「市民社会」は、国連の諸活動に自発的にかかわる個人と団体を包括した概念です。今日では、国際社会で定着し、公式に使われている用語です。

もともと国連は、その成立の根拠となった国連憲章のなかで、非政府組織の役割を認めていました。

一九九〇年代以降、環境、人権、開発、女性問題などをテーマとした国連主催の世界会議に「市民社会」代表が参加し、大きな役割を発揮するようになりました。「市民社会」の果たした重要な経験として、核兵器問題があげられます。二〇一七年に採択された核兵器禁止条約の前文には「……非政府組織、宗教指導者、国会議員、学界ならびにヒバクシャによる目標達成への努力を認識する」と、さまざまな分野の個人と団体を含めています。日本共産党は、志位委員長を団長に核兵器禁止条約を議論する国連会議に参加しましたが、その際は、国会議員として「市民社会」の一員に数えられています。

国際政治で「市民社会」の比重が増大した背景には、とくにソ連崩壊後、国際政治で積極的役割を発揮するようになった非同盟運動を構成する途上国のイニシアチブがありました。植民地体制の崩壊という「世界の構造変化」は、大国が世界政治を牛耳るような時代を終わらせ、非同盟運動の台頭とともに、「市民社会」が国際政治の構成員として活躍する条件を生みだしました。

核兵器禁止条約

人類史上初めて核兵器を違法化した条約で、二〇一七年七月、国連加盟国の三分の二を超える一二二カ国の賛成で採択され、二一年一月に発効しました。

条約は、核兵器の非人道性を厳しく告発し、核兵器の法的禁止の内容として、核兵器の「開発、実験、生産、製造、取得、所有、貯蔵」、「使用、使用の威嚇」、締約国の領土と管轄地域への核兵器の「配置、導入、配備の許可」などを明記しました。核兵器の「使用の威嚇」の禁止が明記されたことは、核抑止力論――核兵器による威嚇に依存した安全保障論を否定したものとして、大きな意義をもちます。

条約には、核兵器完全廃絶に向けた「枠組み」が明記されました。核保有国の条約参加の道として、①核兵器を廃棄したうえで条約に参加する道とともに、②条約に参加したうえで核兵器を速やかに廃棄する道が、規定されました。

核兵器禁止条約が採択され、歓喜にわく議場＝2017年７月７日、国連本部

条約は、被爆者を先頭とした日本と世界の反核平和運動と日本共産党が、戦後一貫して求めつづけたことが、全面的に反映された内容となっています。

一九六八年締結のＮＰＴ（核不拡散条約）は、米ロ英仏中五大国に核兵器保有の独占を認める最悪の差別的で不平等な条約でしたが、その第六条で核保有国が核軍備撤廃の義務を負うことを約束していました。この内容を生かして「核兵器のない世界」に進もうという国際的機運が一九九〇年代後半から広がりました。

推進の主役は、アジア・アフリカ・ラテンアメリカの途上国を中心とする非同盟諸国でした。途上国・新興国・先進国の七つの非核保有国グループからなる「新アジェンダ連合」も積極的役割を果たしました。

核兵器交渉のもう一つの主役は、被爆者を先頭とする「市民社会」でした。一握りの核保有大国から、世界の多数の国ぐにと市民社会に、主役交代が起こったのです。

この新しい主役の共同の力で実現した核兵器禁止条約は、二一世紀に起こった希望ある流れの一つです。

核兵器固執勢力

「核兵器は、自国の安全などに欠かせず、手放せない」として、「核兵器のない世界」にふみだすことに反対しているのが核兵器固執勢力です。

米ロ英仏中の核保有五大国は、核兵器で他の国を脅しつけ、必要なら核攻撃も行うことを前提にした核抑止力論にしがみついています。核不拡散条約（NPT）は、この五カ国だけに核保有を認め、彼らはこの独占体制の維持をめざしています。「核兵器を段階的に減らす」というこれらの国ぐにの主張も、実際には核兵器廃絶を永遠に先送りするものです。

NPTに参加していないイスラエル、インド、パキスタン、北朝鮮も、「抑止力」として核兵器を持ち続けています。アメリカの核兵器で「守ってもらう」と「核の傘」を頼りにしている日本政府なども、核兵器に固執している勢力といえます。

平和の地域協力の流れ

「平和の地域協力の流れ」は、東南アジアとラテンアメリカの二つの地域で形成されてきました。①紛争の平和的解決、②大国支配に反対して自主性をつらぬく、③非核地帯条約を結び核兵器廃絶の世界的な源泉となっている、を共通の特徴としています。

東南アジアでは、東南アジア諸国連合（ASEAN）が、「平和の地域共同体」と呼べる前進をとげてきました。一九六七年、ASEANが五つの国で設立された当時、この地域には、アメリカ中心の軍事同盟があり、一部の国は、アメリカの側にたってベトナム侵略戦争に参加するなど、地域内は、戦争と干渉、国境・領土紛争などを抱え、「分断と敵対」におおわれていました。そのなかでASEANは、「平和、自由、繁栄。それを理解と協力で実現する」理念にもとづき、どんな問題も軍事的手段ではなく、交渉を通じて解決しようと努力してきました。

その過程で、国連憲章の原則にもとづき武力行使の放棄と紛争の平和解決などを掲げた東南アジア友好協力条約（TAC）を土台に、ASEAN地域フォーラム（ARF）、東アジアサミット（EAS）、東南アジア非核地帯条約、南シナ海行動宣言（DOC）など、平和と安全保障の重層的な枠組みをつくりあげ、二〇一五年、ASEAN共同体の構築を宣言するに至りました。現在は一〇カ国が加盟し、一九年のASEAN首脳会議では、平和の枠組みをインド太平洋に広げようと「ＡＳＥＡＮインド太平洋構想」を打ち出しました。

ＡＳＥＡＮが実践している「どんな問題も交渉を通じて解決する」精神は、日本国憲法九条の精神そのものです。日本共産党は、東南アジアでの平和の流れに学び、二〇一四年の第二六回党大会で、「北東アジア平和協力構想」を提唱しました。

ラテンアメリカは、対米自立と平和の流れのもと、二〇一一年、中南米カリブ海諸国共同体（ＣＥＬＡＣ）が設立されましたが、ベネズエラ危機によって分断がもたらされ、事実上の機能停止に至っています。しかし、ラテンアメリカの三三カ国中二八カ国が核兵器禁止条約に署名し、一八カ国が批准するなど、積極的役割を果たし、「米国の裏庭」から対米自立の国づくりへの転換という大きな流れは変わっていません。

ジェンダー平等を求める国際的潮流

ジェンダー平等（固定化された男女役割分担を変革し、女性へのあらゆる形の差別がない社会）を求める国際的潮流は、二〇世紀中ごろにつくられた国際的な人権保障の基準を土台に発展してきました。国連の発足当初は、先進国の要求を反映して、政治、教育、職業、家族関係などにおける女性差別の廃止――「平等」を目標にしていました。しかし、植民地体制が崩壊して、途上国が独立し、国連での比重が増していく中で、「貧困からの解放＝開発なくして女性の地位向上はない」――「開発」という主張が広がります。

一九七九年に「世界の女性の憲法」と呼ばれる女性差別撤廃条約が成立。固定化された男女役割分担を変えていくことが中心理念となり、草の根の運動を背景に具体化、実践が進みました。一九九三年の国連総会では、「女性に対する暴力撤廃宣言」が全会一致で採択されました。

SDGsの17の目標

一九九五年、北京で開かれた国連・第四回世界女性会議の行動綱領で、「ジェンダー平等」、「ジェンダーの視点」が公式に掲げられました。これを契機に、二〇〇〇年の国連ミレニアム総会では「ミレニアム開発目標」の一つにジェンダー平等と女性の地位向上の促進が掲げられました。

二〇一五年、その後継として採択された「持続可能な開発目標」（ＳＤＧｓ）で、ジェンダー平等は目標の一つとされると同時に、一七の目標すべての達成に「ジェンダーの視点」が不可欠と強調されました。さらに、世界でも日本でも、「＃ＭｅＴｏｏ」、「＃ＷｉｔｈＹｏｕ」を合言葉に、性暴力をなくし、性の多様性を認め合うことや、性的指向と性自認を理由とする差別をなくし、誰もが尊厳を持って生きられる社会を求める運動が広がっています。

巨大に発達した生産力を制御できないという資本主義の矛盾

資本主義は、それまでの社会とは比べものにならないほど生産力を巨大に発展させ、人間と社会の物質的生活条件を飛躍的に向上させる土台を生み出します。

同時に、その生産活動は、資本家階級の利潤拡大を唯一・最大の目的とし、激しい競争のなかで労働者階級の搾取をもとにすすめられます。したがって、生産力拡大は、労働者の労働条件・生活条件の破壊、格差と貧困の拡大、さらに公害など環境破壊、膨大な浪費、不況や恐慌などの問題をともないます。それらの問題に対して資本主義では、利潤拡大が最優先されるため、社会的規制がなければ、労働者の健康や生命、自然破壊などに配慮することなく、生産拡大に突き進みます。その結果、貧富の格差の世界的規模での拡大、地球的規模での気候変動で、人類の生存条件が脅かされるほどの深刻な事態になってしまうのです。

ここに、利潤第一主義を経済の根本原理とする資本主義が、自らが生み出した巨大な生産力を制御できず、その制度の是非が問われるほどの危機に陥る矛盾が示されています。

くりかえす不況と大量失業

マルクスは、資本主義のもとで消費と生産の矛盾が

「架空の需要」によって拡大し、市場の調節作用が働かなくなって、恐慌（消費とかけ離れて物がつくられ過ぎ、物価が暴落するなど社会全体が苦しむ災害）として爆発すること、そして不況→活況→繁栄→恐慌が周期的にくりかえされることを明らかにしました。

また、この経済の運動が「過剰な」労働者人口を必ず生みだし、失業、半失業の労働者の大群をつくりだすことを明らかにしました。資本主義につきもののこうした現象は、現代においてもくりかえされ、かつてない大きな規模と鋭さをもって現れています。

恐慌は、一八二五年にはじめてイギリスをおそって以来、世界経済をたえまなくかく乱してきました。二〇〇八年には、アメリカでの住宅産業などのバブルの破たんをきっかけに、経済恐慌が爆発しました。

ヨーロッパでは、EU主導で民営化や公務員削減、医療・教育予算の削減など極端な緊縮政策が実施され、格差と貧困、不況と失業が深刻化しました。日本でも、「派遣切り」による大量解雇が社会の大問題になりました。二〇一九年末以降の新型コロナウイルス感染拡大の影響で、世界的な経済の後退が起こるなか、多くの先進国ですすめられてきた、市場原理を最優先する新自由主義的な政策への疑問と批判が強まっています。

植民地支配の負の遺産の重大さ

かつて植民地として支配されていた国ぐにの多くが、その「負の遺産」に苦しめられ、政治の安定や経済的活路を見いだせていません。これらの国の貧困問題は、植民地時代に支配国（宗主国）の商工業発展のための原料供給地として利用されたことに根源があります。土着の経済が壊され、支配国が必要とする単一あるいは少数の農産物・鉱物資源の生産だけに依存する経済（モノカルチャー経済）に変えられてしまったのです。他方、植民地に必要な物資は外部に求めざるをえず、支配国の市場として利用されました。

また、支配国どうしが勢力圏を分け合うために、植民地国の歴史的・民族的・社会的関係を考慮せず、勝手に国境線を引いたり、統治をしやすくするために、現地の人びとを民族や部族、宗教などで分断し、お互いを争わせること（分断統治）なども行われました。これが民族紛争の原因の一つとなっています。

貧富の格差の世界的規模での空前の拡大

世界では、グローバルな金融取引が拡大する中、一部の大資産家に空前の富が集中しています。アメリカの『フォーブス』誌は、「世界のビリオネア」（一〇億ドル以上の資産保有者）が、八七年には世界全体で一四〇人、資産総額は二九五〇億ドルだったのが、二〇一九年には二一五三人、資産総額は八・七兆ドルと、同誌が発表を開始した三二年間で実に二九倍にも膨れ上がっているとしています。八・七兆ドルという額は、アフリカのＧＤＰの実に四年分に匹敵します。世界的規模での格差拡大が目もくらむような規模で進んでいるのです。

発達した資本主義国の内部でも、格差は拡大し続けています。ＯＥＣＤ（経済協力開発機構）の所得分配データ（二〇一七年）では、ＯＥＣＤ諸国の人口の上位所得者層10％の富裕層の所得は、下位10％の貧困層の所得の九・五倍に達しています。各国の上位10％の手にわたる国民所得の割合は、日本25・0％、フランス24・0％、ドイツ23・2％にのぼっています。こうした異常ともいえる貧富の格差の拡大を抑えることができるのか、資本主義体制の存続を問う課題となっています。

（地球的規模での）気候変動

大気中に含まれる二酸化炭素など「温室効果ガス」の濃度が上がり、地球全体の気温が上昇する地球温暖化によってひきおこされる気候の変化を、気候変動といいます。気候変動の影響は地球全体におよび、人類を含め地球上の生命の生存の危機が問われるまでになっています。北極・南極の氷が溶けて海水面が上昇し、太平洋の諸島では、水没、高波、塩害の被害などで国家の存立が脅かされています。「気候危機」とよぶべき非常事態です。

オーストラリアでは、二〇一九年の気温が史上最高となり、各地で山火事が半年以上も続き、四国と九州に匹敵する面積が消失。コアラ三万五〇〇〇頭が犠牲になりました。大規模な山火事はシベリア、米カリフォルニアでもおきています。同年、欧州北部から中部では、熱波で最高気温の記録を更新。40度台後半の気温が続き、多数の死者がでました。日本でも台風・豪雨災害の頻発、猛暑による農作物被害、海水温上昇による漁業被害などは深刻です。

世界では国連気候変動枠組み条約で、今世紀後半までに温室効果ガス排出量を実質ゼロにし、世界の気温上昇をおさえる方向がうちだされています。しかし、各国の目標をあわせても今世紀末に3度の気温上昇が予測され、猶予ならない事態です。

2019年10月の台風19号による土石流にのみ込まれた住宅や車両＝福島県南相馬市

この問題の大本には、利潤追求を最優先して生産の拡大を続け、石炭・石油・天然ガスなどの化石燃料を大量に消費し続ける資本主義のシステムがあります。人類存続のためにも、世界が連帯し、地球温暖化を抑制して、気候変動を食い止める緊急で最大のとりくみが求められ、資本主義のもとでそれが実現できるのか、きびしく問われています。日本共産党は、「気候危機を打開する日本共産党の2030戦略」を提唱しています。

軍事同盟体制

仮想敵国にたいし、共同で軍事行動を行うことを約束した諸国連合のこと。第二次世界大戦後、世界はアメリカ中心の北大西洋条約機構（ＮＡＴＯ、一九四九年結成）と、ソ連を中心とするワルシャワ条約機構（一九五五年結成）の二つの軍事同盟が対立し、核兵器を含む軍拡競争を繰り広げ、緊張を高めました。

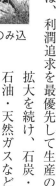

しかし、東南アジアやオセアニア、中南米、中東にあった米国中心の軍事同盟は事実上、消滅しました。九一年のソ連崩壊後、ワルシャワ条約機構も解体しました。紛争の平和解決を実践する地域の平和共同体が世界各地に広がるなか、軍事同盟は「二〇世紀の遺物」となっています。

米政権は、なお残るＮＡＴＯ、日米、米韓、米豪の四つの軍事同盟を再編強化し、アフガニスタンやイラク、シリアへの軍事介入に見られるように、ひきつづき軍事同盟や二国間の軍事同盟を世界支配の道具として使う政策をとり続けています。すべての軍事同盟の解体は、日本と世界の人民の重要な課題となっています。

いくつかの大国で強まっている大国主義・覇権主義

「いくつかの国」とは、アメリカとともに、主として中国とロシアを念頭においたものです。

ロシア・プーチン政権は、二〇一四年、ウクライナの領土であるクリミア自治共和国とセバストポリ特別市を併合しました。国連憲章、国際法の原則を踏みにじる侵略行為です。クリミア併合の際には、プーチン大統領が核兵器使用準備まで検討していたことが、世界を驚かせました。ウクライナ東部では、分離独立派の武装勢力への支援を行い、他国への内政干渉をくりかえしています。

中国は、東シナ海、南シナ海での覇権主義的行動をエスカレートさせています。中国公船による尖閣諸島の領海、接続水域への侵入行為が激増。二〇一九年は前年の一・八倍です。南シナ海では、大規模な人工島建設、爆撃機も使用できる滑走路、レーダー施設や長距離地対空ミサイルの格納庫、兵舎などの建設を強行。防衛施設の配備、軍事拠点化を、「中国の主権の範囲内」と公然と正当化し、軍事支配を強めています。

覇権主義としての最大の脅威はアメリカ帝国主義ですが、中国は、そのアメリカとインド太平洋地域で覇権争いを激化させ、アジアに新たな緊張をもたらしています。ＮＡＴＯの東方への拡張、ロシアでの覇権主義の台頭が、ヨーロッパでの新たな緊張をもたらしていることは、直視する必要があります。

日本共産党は、大国の覇権主義と正面からたたかってきた歴史をもつ自主独立の党として、いかなる国の覇権主義にも反対し、平和の国際秩序を築くために全力をあげています。

国連憲章にもとづく平和の国際秩序

国際連合は、二〇世紀に起きた二つの世界大戦の痛苦の経験をへて設立され、「戦争の違法化」が世界史の発展方向として明確にされました。国連憲章はその具体化で、戦争を未然に防止する平和の国際秩序の建設をめざしています。

国連憲章は、各国の対等・平等と民族自決権の尊重（第一条二項）、武力の行使または武力による威嚇の禁止（第二条四項）、各国の内政への不干渉（第二条七項）の諸原則を明記。また第七章で、国際的な武力の行使は国連の決定によること、各国の軍事行動は、侵略に対する自衛のための反撃以外は認められないことなどを定めています。そして「国際の平和及び安全の維持を危うくする虞《おそれ》」がある場合、当事者（国）は「平和的手段による解決を求めなければならない」と、紛争の平和的解決を義務付けています（第三三条）。

今日の世界では、アメリカの突出した軍事的覇権主義の危険とともに、中国、ロシアによる覇権主義も台頭し、それぞれが自らの「覇権主義的な国際秩序」の押しつけをはかるなかで、世界と地域に新たな緊張をつくりだしています。「国連憲章にもとづく平和の国際秩序か、独立と主権を侵害する覇権主義的な国際秩序かの選択」が鋭く問われています。

日本共産党は、「どんな国であれ覇権主義的な干渉、戦争、抑圧、支配を許さず、平和の国際秩序を築き、核兵器のない世界、軍事同盟のない世界を実現するための国際的連帯を、世界に広げるために力をつくす」ことを綱領に明記しています。

核兵器のない世界、軍事同盟のない世界を実現するための国際的連帯

世界では、核戦争の危険性がいまなお人類の存続にとって重大な脅威として存在します。また戦争法による日米軍事同盟の強化や軍事的対応を優先させようとする企ては、緊張を高め、地域の平和と安定を脅かしています。そうした情勢のもと、「核兵器のない世界、軍事同盟のない世界を実現するための国際的連帯」はますます求められています。

日本共産党は、二〇一七年三月と七月、核兵器禁止条約を議論する国連会議に、日本の被爆者団体、平和組織とともに、市民社会の一員として正式に参加し、三八の国や機関に要請や懇談を行うなど、条約の成立に貢献しました。また唯一の戦争被爆国である日本の政府が、核兵器禁止条約に背を向けるなか、日本共産

党は、核兵器禁止条約にサインする政府をつくろうと活動しています。

また、日本では日米軍事同盟を最優先する議論が横行しています。しかし、世界では軍事同盟は解体、弱体化に向かい、紛争の平和的解決、各国の主権の尊重、武力の不行使を実践する地域の平和共同体の取り組みが広がっています。日本共産党は、東南アジア諸国連合（ＡＳＥＡＮ）や中南米カリブ海諸国共同体（ＣＥＬＡＣ）といった平和の地域協力の取り組みに学んで、「北東アジア平和協力構想」を提唱し、諸政府や政党、市民社会との連携を追求しています。

四、民主主義革命と民主連合政府

日本の真の独立の確保

日本は、形式的には「独立国」ですが、実態は綱領第二章で分析しているとおり、「国土や軍事などの重要な部分をアメリカに握られた事実上の従属国」となっています。日米安保条約のもと、首都東京をはじめ全国一三一カ所に米軍基地が置かれ、基地内は日本の主権が及ばない治外法権とされています。

日米安保は、日本の防衛のためのしくみではありません。日本政府は、アメリカが行う戦争であれば、どんなに無法な戦争、道理のない戦争であっても、「何でも賛成」の立場をとってきました。さらに安保法制＝戦争法のもとで、アメリカが起こす戦争に参加するため、「戦争する国」づくりをすすめ、憲法九条の改悪さえねらっています。唯一の戦争被爆国でありながら、アメリカの「核抑止力」論に追随して、「核の傘」のもとに入り、二〇一七年七月に行われた核兵器禁止条約を採択した国連会議もボイコットし、発効したあとも、この条約に署名していません。異常なアメリカいいなり政治の根本には、日米安保条約という現実があります。

日本が真の独立国として、平和の道を進むには、米軍と軍事基地を全面的に撤退させることが必要です。経済面でも、アメリカの不当な介入を許さず、自主性を回復することが求められます。そのためには、国民多数の合意にもとづいて、日米安保条約を廃棄することが不可欠の課題です。党としては、この方向で国民多数の合意が形成される努力をしてゆきます。

民主主義革命

党綱領の一番の要は、いま日本が必要としている変革が社会主義をめざそうという「社会主義革命」ではなく、資本主義の枠内での「民主主義革命」であるとしているところにあります。それは、異常な対米従属と大企業・財界の横暴な支配を打破する――日本の真の独立の確保と政治・経済・社会の民主主義的な改革の実現を内容とします。

資本主義の枠内で可能な民主的改革を「革命」と呼ぶのはどうしてでしょうか。それは、国の権力――国の機構の全体、自衛隊や警察なども含む行政の諸機構の全体を、日本の独占資本主義と対米従属の体制を代表する勢力から、日本の国民の利益を代表する勢力の手に移すことによってこそ、この改革の本格的実現に進むことができるからです。革命とは、国の権力を、ある社会勢力から別の社会勢力の手に移して改革を実行することを意味します。綱領はそういう意味で、当面する変革を「民主主義革命」と呼んでいます。

（日米安保）条約第十条の手続き（アメリカ政府への通告）

日米安保条約第十条には、「この条約が十年間効力を存続した後は、いずれの締約国も、他方の締約国に対しこの条約を終了させる意思を通告することができ、その場合には、この条約は、そのような通告が行なわれた後一年で終了する」と書かれています。安保条約の改定は一九六〇年に強行されましたので、この条文は、七〇年から有効となりました。

日本国民多数の意見がまとまり、日本政府が「条約を終了させる意思を通告」すれば、アメリカ政府の意思に関係なく、一年後に安保条約は合法的になくすことができます。そうすれば、日本にある米軍基地はすべてなくなり、駐留米軍はすべて本国に帰ることになります。その実現には、安保廃棄を支持する国民の多数派を形成し、アメリカに廃棄を通告する政府を樹立することが必要です。

対等平等の立場にもとづく日米友好条約

綱領は、安保条約をなくしたのちに、「対等平等の立場にもとづく日米友好条約を結ぶ」としています。

日本共産党は、アメリカの帝国主義的・覇権主義的な政策と行動の、もっとも厳しい断固たる批判者です。しかし、けっして反米主義者ではありません。アメリカは、一七七六年の「独立宣言」で人権の不可侵性、人民主権、人民の革命権などをうたったことをはじめ、民主主義の発祥の地としての歴史をもっています。私たちは、そこに深い尊敬の念をもっています。

日米両国、両国民の真の友好こそ、日本共産党がめざすものです。それは、両国が、対等平等の立場に立ってはじめて実現できます。日本共産党は、この立場から日米安保条約を廃棄したうえで、日米友好条約を締結するとの方針を綱領に明記しています。

国民の合意での憲法第九条の完全実施（自衛隊の解消）

自衛隊と、「陸海空軍その他の戦力は、これを保持しない」と定めた憲法第九条とは、両立しない関係にあります。ただ、両立しないからすぐに消えてなくなれという乱暴な議論をするものではありません。自衛隊は、現在存在し、国民の多くはそれを支持しています。東日本大震災などの大災害で多くの自衛隊員が人命救助活動に奮闘しました。他方で、憲法第九条は、自衛隊の海外派兵の歯止めにもなってきました。九条をなくしたら、その途端に歯止めがなくなってしまいます。

自衛隊と憲法の関係は、憲法第九条という理想に向けて、現実を改革することで解決できます。しかし、その過程は一足飛びにはいかず、国民合意を尊重しながら、段階的に進めることが重要です。

①日米安保条約廃棄前の段階では、海外派兵立法をやめ、軍縮に転じます。②安保条約廃棄で日米軍事同盟から抜け出した段階では、自衛隊の民主的改革を進めます。自衛隊を即時解消としないのは、この時点ではまだ「自衛隊は必要」と考える国民が多数という状況が予想されるからです。③平和外交をすすめ日本を取り巻く平和的環境が成熟し、国民の圧倒的多数が「自衛隊は必要ない」となったところで初めて、自衛隊解消に向けて本格的に踏み出します。それまでに、急迫不正の主権侵害や大規模災害があった場合には、国民の命を守るために自衛隊に働いてもらいます。

この方針は、憲法を守ることと国民の命を守ることの両方を真剣に追求する立場からつくられています。

日本が過去におこなった侵略戦争と植民地支配の反省

戦前、日本はアジアで唯一の帝国主義国として、アジア諸国への侵略戦争と植民地支配をおこない、中国、朝鮮をはじめ、アジア各国に多大な犠牲と損害を与えてきました。そうした歴史に真摯《しんし》に向き合い、謝罪と反省の態度を示すことは、アジア諸国との真の友好関係を築くうえで不可欠です。

ところが安倍首相は、二〇一五年八月に発表した「戦後七〇年にあたっての首相談話」で、戦後五〇年にあたっての「村山首相談話」（一九九五年八月）で表明された、「国策を誤り」「植民地支配と戦争」をおこなったという認識を欠落させ、自らの言葉での「反省」「お詫び」もなく、「村山談話」の核心的内容を事実上投げ捨てました。安倍首相は在任中、靖国神社の春・秋の例大祭に真榊《まさかき》の奉納を繰り返し、二〇二〇年一〇月、菅首相も真榊を奉納しました。同神社は、「日本の戦争は正しかった」とする歴史観の拡散を使命とする神社で、首相の侵略戦争を肯定・美化する立場を明確にし、国内外から厳しい批判をあびています。

「女子勤労挺身隊」として徴用され、訴訟原告である梁錦徳さん（右から３人目）とともに謝罪と賠償を求める行動＝2020年１月17日、東京都千代田区・三菱重工本社前

また戦争中、日本の植民地支配下の朝鮮半島から、日本本土に連行され強制的に働かされた「徴用工」と呼ばれた人たちに、韓国大法院（最高裁判所）が、日本企業の賠償責任を認めた判決（二〇一八年秋）を下しました。それに対し、自公政権は、「解決済み」として、個々の被害者の請求権を拒否しています。日本軍「慰安婦」問題についても、政府は一九九三年の「河野談話」で、「軍の関与と強制」を認め、二〇一五年一二月の「日韓合意」でも、外相名ではありますが、「軍の関与」を認め、首相の「おわびと反省」を表明したことになっています。ところが、その後も安倍首相が、「性奴隷といった事実はない」「軍による強制連行を示す記述は

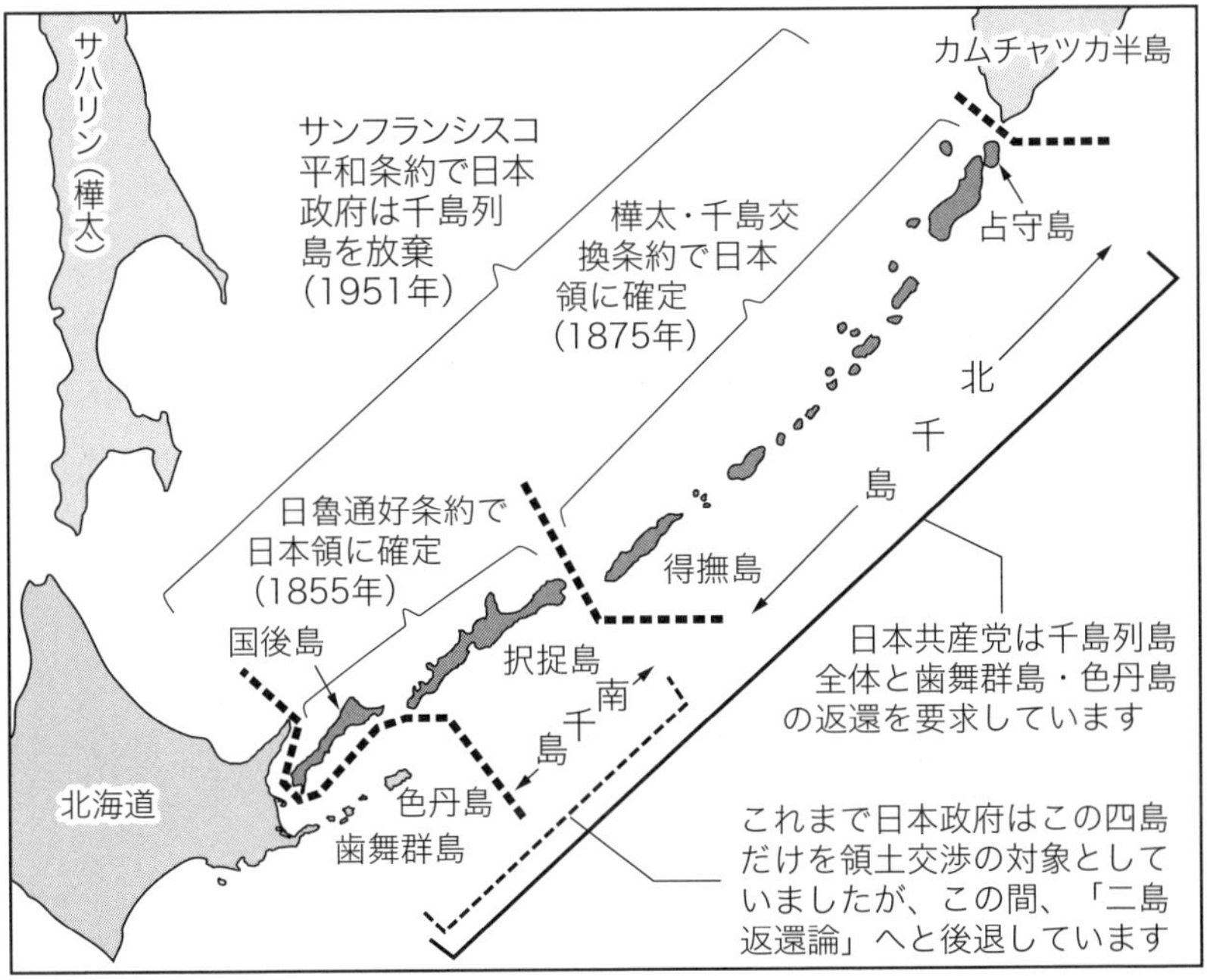

サハリン（樺太）
サンフランシスコ平和条約で日本政府は千島列島を放棄（1951年）
樺太・千島交換条約で日本領に確定（1875年）
カムチャツカ半島
占守島
北千島
日魯通好条約で日本領に確定（1855年）
得撫島
国後島
択捉島
南千島
日本共産党は千島列島全体と歯舞群島・色丹島の返還を要求しています
北海道
色丹島
歯舞群島
これまで日本政府はこの四島だけを領土交渉の対象としていましたが、この間、「二島返還論」へと後退しています

ない」と述べるなど不誠実な態度をとり、日本政府は被害者への謝罪と賠償の責任も果たしていません。侵略戦争と植民地支配への反省を投げ捨てた自公政権の歴史逆行の政治は、アジアの近隣諸国との関係をはじめ、世界各国との真の友好を阻む重大な障壁となっています。

日本の歴史的領土である千島列島

一八五五年の日魯《にちろ》通好条約では、日本とロシアの国境線は、千島列島の択捉《えとろふ》島と得撫《うるっぷ》島の間に引かれ、樺《から》太《ふと》は日ロ雑居の地とされました。さらに一八七五年の樺太・千島交換条約で、全千島列島が日本の領土、樺太がロシアの領土となりました。これが、両国が戦争などの手段に訴えることなしに平和的な領土交渉で国境を画定しあった到達点です。

問題は、第二次世界大戦の戦後処理の大原則である「領土不拡大」に反し、ヤルタ会談（一九四五年二月）でソ連の指導者だったスターリンが、千島列島の「引き渡し」を対日参戦の条件として米英に認めさせたことです。しかもソ連は、千島列島とともに北海道の一部である歯舞群島と色丹島まで占領してしまいました。一方で、日本政府もこの不公正に目をつむり、一九五一年のサンフランシスコ平和条約第二条C項で、千島列島の放棄を表明しました。

これまで政府は、「択捉・国後《くなしり》は千島ではない」という国際的に通用しない立場で、歯舞、色丹と合わせた「北方領土」の四島だけを対象に返還交渉にあたってきました。さらに二〇一八年以後、事実上、歯舞・色丹の二島のみの返還で決着を図る立場に後退しています。行き詰まった交渉の打開には、サ条約第二条C項を不動の前提にせず、「領土不拡大」という大原則を破った戦後処理の不公正を正すことを日ロ領土問題解決の根本にすえ、歯舞、色丹と全千島の返還を求めることが必要です。

異なる価値観をもった諸文明間の対話と共存

世界の各国、諸文明には、それぞれなりの発展の歴史があり、発展の仕方も、その到達点も、社会制度や価値観もさまざまです。それぞれの社会発展の内的論理、発展の過程を、対話を通じてよく理解し、相互に尊重しあい共存することが必要です。同時に、異なる諸文明間には異なる価値観もありますが、より深いところには、「平和」「平等」「公正」「人間の尊厳」などといった共通する普遍的な価値観があり、「対話と共存」を通じてそれを見いだしていくことが大切です。

国連は二〇〇一年を「文明間の対話年」と定めましたが、こうした努力は、世界平和の実現にとって決定的に重要です。いまも国際テロを特定の宗教や文明と結びつけ、対立をあおる動きなどがあります。日本共産党は、新しい日本の平和外交の基本点の一つとして、「異なる価値観をもった諸文明間の対話と共存の関係の確立に力をつくす」（綱領）ことを提起し、その方向での日本外交の改革をめざしています。

国会を名実ともに最高機関とする議会制民主主義の体制

日本国憲法は、国民主権を宣言し、日本国民が「正当に選挙された国会における代表者を通じて行動」（前文）するとうたい、国会を「国権の最高機関」、

「国の唯一の立法機関」（第四一条）と規定しています。さらに憲法は、国会に内閣総理大臣の指名権をあたえ（第六七条）、総理大臣および過半数の国務大臣を国会議員の中から選ぶ（同条、第六八条）として、内閣の存立と存続が国会の意思にしたがう議院内閣制をとっています。

しかし、長年の自民党政治のもとで行政権が肥大化して内閣が優越し、国会の権限が形骸化されてきました。とくに安倍政権は、「強権とウソと偽りと忖度《そんたく》の、究極のモラル破壊の政治」（第二八回党大会第一決議）で国政を私物化し、国会を軽視し、国民の声を無視する事態が起きました。その後の自公政権は、こうしたやり方を継承しています。

日本共産党は、こうした異常をただし、国会を「名実ともに」最高機関とする議会制民主主義の体制を確立します。国政調査権（第六二条）の拡大、国会の民主的運営の十分な保障、国民の請願権の充実、選挙制度の徹底的な民主化などをすすめます。この議会制民主主義の体制は、社会主義日本にも継承されます。

政権交代制

日本共産党は、当面の民主的改革において、現憲法の全条項を守りぬくとともに、「国会を名実ともに最高機関とする議会制民主主義の体制、反対党を含む複数政党制、選挙で多数を得た政党または政党連合が政権を担当する政権交代制は、当然堅持」することを綱領に明記しています。これは、党が「国民が主人公」をいちばんの政治信条としているからです。

綱領は、社会は、階段をのぼるように段階的に発展する、その一段一段をのぼるかどうかは、国民多数の合意ですすむ――段階的発展と多数者革命という立場に立っています。

政治制度としては、民主的な選挙で選ばれた国民の代表で議会が構成され、そこで国の政策が決められるという代議制度を大切に考えています。将来の社会主義日本の政治制度としても、資本主義時代の価値ある成果のすべてを受けつぎ、豊かに発展させるというのが綱領の立場です。いろいろな立場の政党が選挙で国民の支持の獲得をめざして争い、だれが政権を担うかを選挙による国民の審判で決める政権交代制、複数政党制を社会主義の段階でも徹底して守る立場です。

科学的社会主義の学説の基礎をすえたマルクス、エンゲルスは、民主主義が未熟であった一九世紀のヨーロッパにあって、普通選挙権を実現する各国の運動を励まし、民主共和制の旗をかかげつづけました。日本共産党の立場は、この科学的社会主義本来の立場を、現代日本の状況のもとで発展させたものです。

労働基本権

憲法第二八条は、「勤労者の団結する権利及び団体交渉その他の団体行動をする権利は、これを保障する」と明記しています。労働者の団結権と団体交渉権、団体行動権（ストライキ権など）という労働三権（労働基本権）をいっさいの限定なしに保障する条文です。経済的に弱い立場にある労働者に対して、使用者と実質的に対等の立場に立つことができるようにするために定められたものです。

「勤労者」とは、労働組合法にいう「労働者」と同義です。公務員もこの「勤労者」に含まれます。このように憲法は、公務労働者にも民間労働者にも等しく全面的に労働基本権を保障しています。

しかし、日本は、不当にもこの労働基本権を公務員からはく奪しています。ＩＬＯ（国際労働機関）は、いく度となく日本政府に対し、公務員に労働基本権を回復するよう勧告しています。綱領は、日本社会が必要とする民主的改革の主要な内容の一つとして、「労働基本権を全面的に擁護する」と明記しています。

ジェンダー平等社会をつくる

ジェンダーとは、「社会が構成員に対して押し付ける『女らしさ、男らしさ』、『女性はこうあるべき、男性はこうあるべき』などの行動規範や役割分担などを指し、一般には『社会的・文化的に形成された性差』」と定義されています。それは、生物学的な男性・女性という性別とは区別され、「男は外で働き、女は家庭で」など、社会のなかでつくられてきた考え方です。第二八回党大会での綱領一部改定案についての報告は、「時々の支配階級が、人民を支配・抑圧するために、政治的につくり、歴史的に押し付けてきたもの」であり、戦後の日本では、財界・大企業が、「男は会社につくし、妻子を養って一人前」など、利益優先の立場からジェンダー差別を利用してきたこと、戦前の男尊女卑、個人の国家への従属を当然視する勢力が、戦後政治の中枢を占めてきたことが、ジェンダー平等の著しい遅れをもたらしたと指摘しました。

東京で行われた1回目のフラワーデモ。500人を超える人々が集まり、性暴力の根絶を訴えました＝2019年４月11日、東京駅前

今日、日本の男女賃金格差は、正社員の女性でも男性の四分の三で、ＯＥＣＤ三五カ国中三三位と、ほぼ最下位の遅れです。女性の多くが非正規で働き、賃金は男性正社員の半分です。女性国会議員の割合は衆院で９・７％、女性閣僚はわずか（岸田政権では三人）で、女性首相はいままで一人もいません。女性の意見が反映されないまま、重要な政治決定が行われています。

ジェンダー平等社会をつくるとは、男性も、女性も、多様な性をもつ人びとも、差別なく、平等に、尊厳をもち、自らの力を存分に発揮できるような社会をめざすことです。それは「ジェンダーを利用して差別や分断を持ち込み、人民を支配・抑圧する政治を変えるたたかい」でもあります。

性的指向と性自認を理由とする差別をなくす

レズビアン（女性同性愛者）、ゲイ（男性同性愛者）、バイセクシュアル（両性愛者）、トランスジェンダー（出生証明に記載された性別とは異なる性別を生きる人）をはじめ、性的な指向や自分をどういう性だと自認しているかは、本来、多様性をもっています。しかし、ＬＧＢＴ（性的少数者）とされる人たちは、さまざまな場面で、社会的な差別を受けています。

民法が条文上、同性婚を認めていないといった法律や制度上の差別もあれば、職場などで仲間から排除されるといった日常生活のうえでの差別もあります。さらに、自民党国会議員が、LGBTのカップルは「子どもを作らない、つまり生産性がない。そこに税金を投入することが果たしていいのか」と月刊誌（二〇一八年七月発売）に寄稿したり、地方議員が「同性愛者が法律で守られているとなると、足立区は滅んでしまう」（二〇年九月二五日の東京・足立区議会で）と発言するなど、悪意と偏見に満ちた暴言を政治家が浴びせる現状さえあります。

日本共産党は、性的指向と性自認を理由とした、あらゆる差別や偏見をなくし、性の多様性が尊重される社会をめざし力をつくします。

憲法の平和と民主主義の理念を生かした教育制度・行政の改革

日本の教育制度は自民党政治によってヨーロッパなどには例のない形でゆがめられ、そのことが子どもの成長・発達に悪影響を与えています。日本共産党は、その改革を綱領上の課題と位置づけています。具体的には、①競争的な高校入試が基本的にあるなどの「高度に競争的な教育制度」（国連子どもの権利委員会）の改革、②教育内容への国家統制や人権無視の校則・体罰など過度の管理教育の是正＝教育の自主性や子どもの権利の保障、③高すぎる学費負担や「三五人・四〇人学級」など遅れた教育条件（教育予算の水準はOECD諸国で最低ランク）の改善などが考えられます。

少人数学級を求める運動について懇談する新日本婦人の会の代表と、日本共産党の志位和夫委員長ら＝2020年6月15日、衆院議員会館

世界に目を向ければ、欧米では高校入試が基本的にないなど、日本での〝当たり前〟が世界での〝非常識〟であることが少なくありません。また、制度のゆがみと関連しつつも独自に重大な問題として、侵略戦争を美化する教育を子どもに押しつけようとする自民党や日本会議などの潮流の克服も国民的課題となっています。

教育制度改革のよりどころは憲法です。憲法は、天皇主権にもとづく戦前の教育の原理を根本から否定し、平和主義と民主主義を教育の基本にすえました。その後、最高裁学力テスト判決（一九七六年）が憲法判断として、「教育を施す者の支配的権能ではなく」と国家優位を否定し、「教育内容に対する……国家的介入についてはできるだけ抑制的であることが要請される」と判決を下したことも重要です。

信教の自由を擁護

「信教の自由を擁護」するとは、個人の信仰の自由を保障するとともに、信仰をともにする団体の宗教活動の自由も守るということです。信教の自由には、自己の信仰を他人に伝える布教の自由も含まれます。

信教の自由は、思想・表現の自由は侵してはならないという基本的人権の重要な構成要素です。これは、民主主義社会実現のための中心的要求でした。日本では、戦前、大日本帝国憲法（一八八九年）で、「信教ノ自由」（第二八条）を規定していましたが、「安寧秩序ヲ妨ケス及臣民タルノ義務ニ背カサル限リニ於テ」という制限つきでした。そして実際には、天皇崇拝と結びついた神道が、実質的な〝国教〟とされ、国民に神社参拝が強要され、家庭には神棚設置が押しつけられました。

これにたいして、日本国憲法第二〇条と第八九条は、信教の自由とともに、表裏をなす政教分離の原則を明記しています。

改憲勢力は、第二〇条に「ただし、社会的儀礼又は習俗的行為の範囲を超えないものについては、この限りではない」（自民党改憲案）という文言を盛り込んで、政教分離の原則を掘り崩し、信教の自由を侵害する危険な企図をもっています。それだけに、「信教の自由を擁護し、政教分離の原則の徹底をはかる」という綱領の規定はいっそう重要になっています。

政教分離の原則

政教分離とは、政治権力がどんな宗教にも特権を与えず、個人の内心に国家は関与してはならない、宗教の側も権威や権益のために政治を利用してはならない、ということです。

戦前は、天皇を「神聖不可侵」とした大日本帝国憲法などのもとで、〝現人神《あらひとがみ》〟たる天皇絶対の国家神道が全国民を思想的に支配しました。それが破綻し、現憲法ができました。憲法第二〇条は「いかなる宗教団体も、国から特権を受け、又は政治上の権力を行使してはならない」、「国及びその機関は、宗教教育その他いかなる宗教的活動もしてはならない」、第八九条は「公の財産は、宗教上の組織若《も》しくは団体の使用、便益若しくは維持のため……これを支出し、又はその利用に供してはならない」と、信教の自由とその制度的保障の政教分離を規定しています。

綱領は、日本の民主的改革において現憲法の全条項を守るとしたうえで、信教の自由と表裏の関係にある政教分離は、未来社会においても貫かれる民主主義的原則であることを鮮明にしています。

企業・団体献金を禁止

日本共産党は、いっかんして企業・団体献金の禁止を要求してきました。営利企業や（業界などの）団体から政治家への献金は、一九八八年のリクルート事件、一九九三年のゼネコン汚職、二〇一六年の「甘利疑惑」、一九年一二月に自民党現職議員が逮捕されたカジノ利権をめぐる汚職事件など、金権腐敗政治の根源となってきました。一九九〇年代に「政治改革」が叫ばれましたが、「政党支部」への献金や「政治資金パーティー」という抜け道がつくられ、最近は、経団連による公然とした企業献金の呼びかけがなされて、献金額は増え続けています。

企業・団体献金は、本質的にワイロの性格を帯びたものです。仮に、公然と献金への見返りを要求すれば贈収賄となります。逆に、何の見返りもない政治資金を出したら、企業・団体への背任となります。実際には、企業・団体が政治に金を出すときは、必ず見返りを期待するのです。「企業も社会的存在だ」という正当化論がありますが、参政権を持たない企業・団体が献金を通じて政党や政治家に大きな影響力を行使することは、国民主権を侵害し、議会制民主主義を歪めることにもなります。日本共産党は、企業・団体献金をいっさい受け取っていません。

天皇の制度は憲法上の制度であり、その存廃は……国民の総意によって解決

天皇の制度にたいする綱領の条項は、二つの段落からなっています。

最初の段落は、天皇の制度にかかわって、民主主義革命の課題として何に取り組むべきかを述べたものです。

「天皇条項については、『国政に関する権能を有しない』などの制限規定の厳格な実施を重視し、天皇の政治利用をはじめ、憲法の条項と精神からの逸脱を是正する」

私たちがいま、この問題で最も力をそそぐべき中心課題は、ここにあります。実際、二〇一三年四月二八日、安倍内閣は、「主権回復の日」記念式典を開催し天皇夫妻を出席させるという、あからさまな天皇の政治利用を行いました。現在求められるこの中心課題は、多くの国民の同意を得られる内容です。

第二の段落は、将来の問題として、日本共産党が天皇の制度にどういう態度でのぞむかについて述べたものです。

その最初の文章は、「党は、一人の個人が世襲で『国民統合』の象徴となるという現制度は、民主主義および人間の平等の原則と両立するものではなく、国民主権の原則の首尾一貫した展開のためには、民主共和制の政治体制の実現をはかるべきだとの立場に立つ」です。ここでは、天皇の制度にたいする、党としての認識と立場を表明しています。現制度は、何よりも「世襲」にもとづく制度であり、それ自体が人間の間に差別や身分的秩序をつくりだす制度であるという点で、「民主主義および人間の平等の原則」と両立するものではありません。同時に、これは党としての「立場」の表明であり、それを改革の課題にすえ、その実現をめざして国民多数の合意をつくるために運動を起こしたりするものではありません。

では、どうやってこの問題の解決をはかるのでしょうか。その問題の答えを示した文章が、次の「天皇の制度は憲法上の制度であり、その存廃は、将来、情勢が熟したときに、国民の総意によって解決されるべきものである」です。問題の解決は、主権者である「国民の総意」にゆだねるということです。綱領の立場

は、天皇の地位の根拠を「主権の存する日本国民の総意に基く」と明記した憲法第一条に合致するものだと考えます。

大企業にたいする民主的規制

日本共産党は、国民の暮らしと権利を守る「ルールある経済社会」をつくることを、当面する民主的改革の目標としています。そのための主な手段が、「大企業にたいする民主的規制」です。

この方針は、大企業の横暴勝手をおさえるとともに、大企業に、その社会的な力にふさわしい、社会的責任を果たしてもらおうということです。大企業を敵視するとか、つぶしてしまおうというものでは、もちろんありません。

今日の日本では、国家が大企業・財界の利益を代表して経済に介入する体制が発達しています。国の法律や政府の行政的な権限、財政・税制のしくみ、金融など、国から経済にはたらきかけるさまざまな手段がつくられており、大企業・財界のもうけを応援する介入が行われています。

大企業にたいする民主的規制とは、この現実に存在している介入のしくみを、民主的政府が国民の利益のために活用して、大企業に、雇用にたいする責任、中小企業にたいする責任、環境にたいする責任、社会保障にたいする責任、税金を払う責任などの社会的責任をきちんと果たしてもらい、国民本位の経済に転換していこうということです。過労死を生むような異常な長時間労働を是正する法律や、「雇用は正社員が当たり前」とする法律などをつくり、守らせることは、政治の役割として切実に求められています。

農業を基幹的な生産部門として位置づける

農業は人間の生存に欠かせない食料を生産し、国土や環境の保全など国民の生存基盤の維持にも重要な役割を果たしています。農業生産を発展させ、国民の食料を自給することは、「国づくり」に不可欠の課題です。他方で農業は、自然や国土の制約を受け、工業など他産業とくらべて不利な条件におかれ、市場競争にゆだねれば衰退する危険を抱えています。世界の主な国で農業を産業・経済政策の中にしっかり位置づけ、手厚い保護政策をとっているのはそのためです。

ところが歴代自民党政権は、農林水産物の輸入自由化を次つぎと広げ、価格保障・所得補償を大幅に削減・廃止するなど、農業つぶしの政治をすすめてきました。その結果、食料自給率は38％（二〇一九年）と過去最低レベルとなり、先進諸国でももっとも低い水準にあります。菅政権は、種苗法を改悪、農家の種苗の自家増殖を禁止し、多国籍企業による種の独占に道を開こうとしています。日本の「農林漁業と農山漁村は歴史的な危機に直面」（第二八回党大会第一決議）しています。

日本共産党は、食料を外国に依存し、国内農業を切り捨ててきた歴代自民党政権の農政を大本から転換し、農業を国の基幹的な生産部門に位置づけます。大小の多様な家族経営が安心して農業に励めるよう、輸入規制や価格保障など必要な保護政策をとるなど、農林漁業と農山漁村の再生に力をつくします。

再生可能エネルギーへの抜本的転換

再生可能エネルギーは、自然界に常に存在し、使っても繰り返し補充されるエネルギーです。水力、地熱、太陽光・熱、風力などをいいます。他方、使えばなくなっていくエネルギーが石炭、石油、天然ガスなどで、燃やすと大量の二酸化炭素を出します。

地球規模の気候変動を抑えるため、二〇一五年のCOP21で採択された「パリ協定」は、世界の平均気温上昇を産業革命前と比較して二度より十分低く抑え、一・五度以内に収める目標を設定しました。一八年、IPCC（気候変動に関する政府間パネル）が公表した「一・五度特別報告」によれば、その目標達成のためには、人為的な二酸化炭素の排出量を、三〇年までに一〇年比で45％削減し、五〇年前後まで

「世界気候アクション11.6」に連帯した街頭宣伝で、脱炭素社会の実現を訴える笠井亮衆院議員（左から2人目）、吉良よし子参院議員（その左）ら＝2021年11月6日、東京・新宿駅西口

に「実質ゼロ」にする必要があります。日本では、一八年度の排出実績（一九九〇年度とほぼ同水準）でみると、40～50％の削減が必要となります。

自公政権は「二〇五〇年までに、温室効果ガスの排出を全体としてゼロにする」と言い出しましたが、中身をみれば〝口先だけ〟というほかありません。三〇年度の削減目標は一三年度比26％（一九九〇年比でわずか18％）のままです。削減目標の背景となるエネルギー基本計画では、三〇年度の電力の電源は、再生可能エネルギーが22～24％（一八年度実績17％）にとどまり、化石燃料が54～58％（同77％）を占め、あとは放射能汚染の危険性と背中合わせの原発だのみ。今も大型石炭火力発電所の建設計画がたくさんあります。

日本共産党は、「省エネと再エネで、三〇年度までに50～60％削減」「脱炭素、省エネ、再エネをすすめる社会システムの大改革」「脱炭素と貧困・格差是正を二本柱にした経済・社会改革で、持続可能な成長」を提案しています。

統一戦線

日本共産党は、今日の日本を変革するには、社会を変える目標と運動が国民多数の合意となり、その実現をめざす勢力が議会の多数を得ることが必要だと考えています。統一戦線とは、国民の多くを結集する主体的勢力として、一致する目標で協力し、社会変革に必要な力をつくる運動、組織のことです。

国民が主人公の日本をつくる統一戦線には、「労働者、勤労市民、農漁民、中小企業家、知識人、女性、青年、学生など」国民の圧倒的多数を結集できる可能性があります。また統一戦線は、政党・団体・個人の共闘という形態をとり、世界観や歴史観、あるいは宗教的信条などの違いはわきにおき、当面のさしせまった任務で団結することが原則です。とくに日本共産党の統一戦線政策の特徴は、政党の組み合わせではなく、日本社会が求める民主的改革の目標から出発し、その目標に一致する党派、諸団体、諸個人を広く結集することを基本にしているところにあります。

二〇一〇年代半ばから発展しつつある市民と野党の

共闘も、日本共産党綱領の位置づけでいえば、戦争法に反対する新しい市民運動、国民運動に促された統一戦線運動です。日本共産党は、どんな困難にぶつかったときでも、ブレることなく共闘の発展に力をつくしてきました。そこには、社会発展のあらゆる段階で、当面する国民の切実な要望にこたえた一致点での統一戦線によって社会変革をすすめるという、綱領の生命力が発揮されています。

綱領には、「統一戦線は、反動的党派とたたかいながら、民主的党派、各分野の諸団体、民主的な人びととの共同と団結をかためることによってつくりあげられ、成長・発展する」と書かれています。

二〇二一年の総選挙では、多くの市民のみなさんの努力とともに、日本共産党は共闘の勝利に貢献しました。そして、今後の課題を残しつつも、確かな成果をあげました。同時に、このたたかいは、支配勢力の必死の反撃を呼び起こし、野党共闘の推進力として奮闘する日本共産党は残念な後退をきっしました。そこには今後に生かすべき教訓とともに、多くの反省点もあります。

このせめぎあいは、野党共闘（統一戦線）と日本共産党が支配勢力を攻め込む過程で起こったものです。総選挙では、支配勢力を恐怖に陥れるまで攻め込み、追い詰めましたが、攻め落とせず、悔しい後退となりました。第四回中央委員会総会（二〇二一年一一月）は、このたたかいから教訓を引き出し、「次は攻め落とすたたかいをやろう」、統一戦線と党の「成長・発展」をかちとり、日本の政治を変える新たなたたかいに挑戦しようと決意をかためあい、踏み出しています。

当面のさしせまった任務にもとづく共同と団結

統一戦線は、国民の圧倒的多数の客観的状態から生まれる切実な要求から出発し、その願いを実現する民主的改革の目標にもとづいて結集をはかるものです。綱領は、「当面のさしせまった任務にもとづく共同と団結は、世界観や歴史観、宗教的信条の違いをこえて、推進されなければならない」として、「世界観や歴史観、宗教的信条」が違っても、共同を積極的にすすめる立場を明確にしています。

第二次世界大戦時、ヒトラー・ドイツに占領されたヨーロッパ諸国で、反ヒトラーの国民的共闘が生まれ、レジスタンスと呼ばれました。その時の合言葉が「神を信じるものも信じないものも」でした。世界観が違っても一致して巨悪に立ち向かう、当面のさしせまった課題にもとづいて共同と団結をはかる――ここに世界で試された統一戦線の精神があります。この間、市民と野党の共闘の発展のなかで、お互いに立場の違いを認め合い、リスペクト（尊敬）しあって、国民の切実な願いに即して一致点で協力する＝「多様性の中の統一」という共闘の基本姿勢がつくりだされてきました。

日本共産党はこうした共同と団結、統一戦線の方針を、当面の民主的改革の段階でも、資本主義を乗り越える将来の社会変革の段階でもつらぬきます。

統一戦線の発展のための決定的な条件

綱領は、「統一戦線の発展のための決定的条件」として「日本共産党が、高い政治的、理論的な力量と、労働者をはじめ国民諸階層と広く深く結びついた強大な組織力をもって発展すること」を規定しています。

それは、日本の変革は、国民多数を結集した統一戦線で実現されることを綱領的方針とする日本共産党が、政治的、理論的にも、組織的にも強く大きくなることが決定的に重要だからです。

そのために、今、党に求められる努力方向として、次のことがあげられます。

――党として、草の根からの要求運動を起こし、政権交代を国民多数の声に。◇国民の苦難軽減という立党の原点に立ち、命と暮らしを守るたたかい。◇「九条守れ、憲法生かせ」の国民的な運動で、憲法破壊のくわだてを止めること。◇気候危機打開の国民的な運動を起こすこと。◇ジェンダー平等を求める多様な市民の運動との連帯を広げ、この課題を国政の中心課題にすえさせるたたかい――が求められています。

――日本と世界の社会進歩の展望を広げるうえでも、支配勢力の反共攻撃を打ち破って日本共産党の綱領・理念・歴史・活動を知ってもらううえでも、毎日、毎週、党の姿、見解を伝える「しんぶん赤旗」の読者をどれだけ広げることができるかが、決定的に重要です。

――党の綱領と理念、歴史を伝え、「日本共産党だから支持する」という積極的支持者を増やすとりくみを大戦略に位置づけて、やりぬくことです。

——世代的継承のとりくみを、全党の力を総結集して前進させることを中軸にすえて、党員拡大のための独自追求を抜本的に強めることです。

これらの課題を達成してこそ、日本共産党は、統一戦線発展の推進力としての役割をしっかりと担うことができます。

いつ、いかなる時にも、政治的・思想的立場の違いを超えて、切実な一致点での共同を何よりも大切にする日本共産党を躍進させることこそ、市民と野党の共闘を発展させ、野党連合政権の実現に道を開く、最大の保障です。

統一戦線の政府・民主連合政府

日本共産党と統一戦線の勢力が選挙で国民の多数の支持を得て、国会で安定した過半数を占めて政府をつくる——これが民主主義革命をすすめるうえで一貫した大目標である「統一戦線の政府・民主連合政府」です。

国民多数の支持にもとづく政府が樹立され、国会を通じて国民多数の要求を実現していくことが、「国民が主人公」の民主的な日本をつくる土台になります。綱領では民主連合政府が実行する政策として、国の独立・安全保障・外交の分野、憲法と民主主義の分野、経済的民主主義の分野で、あわせて二二項目をかかげています。

国民多数が支持する統一戦線に支えられた民主連合政府が、この政策課題の実現をすすめ、民主的改革を達成することで、今日の国民が抱えるさまざまな苦難を解決し、独立・民主・平和の日本への道を開くことができます。

さしあたって一致できる目標の範囲で統一戦線を形成し、統一戦線の政府をつくる

民主連合政府が樹立されるまで、国民の願いにこたえた政府をつくることはありえないのかというと、そうではありません。綱領では、「さしあたって一致できる目標の範囲で統一戦線を形成し、統一戦線の政府をつくる」として、民主連合政府の樹立以前にも、よ

りましな政府をつくることがありうると明記しています。

歴史をさかのぼると、日本共産党は、一九七四年一〇月に、選挙の民主的実行を主な任務とする「選挙管理内閣」、一九七六年一二月に、小選挙区制阻止など三つの緊急課題での「暫定政府」、一九八九年七月に、消費税廃止や企業団体献金の禁止、コメ輸入自由化阻止の緊急課題をすすめる「暫定連合政府」など、さまざまな時期に、政治情勢に応じて、さしあたって一致できる目標の範囲での統一戦線政府を提唱した経験をもっています。

二〇一五年以来の市民と野党の共闘は、綱領上では「さしあたって一致できる目標の範囲」の統一戦線、統一戦線政府をめざす取り組みです。四回の国政選挙を共闘でたたかい、重要な成果を積み重ねてきました。野党が共同して、共通政策、政権協力、選挙協力で合意して新しい政権をめざすという課題が、現実に追求すべき課題となっています。広大な保守の人びとと日本共産党を含む共闘という質の点でも、新しい特徴をもっています。

支配勢力の妨害や抵抗

民主連合政府の樹立は、独占資本主義と対米従属の体制を代表する支配勢力の妨害や抵抗を打ち破るたたかいを通じて実現できます。さらに、民主連合政府によるさまざまな改革の一つひとつも、妨害や抵抗をはねのけて実現できるものです。

それは、政治的、経済的、思想的なはげしい闘争になることでしょう。支配勢力は巨大な経済力と結びついて支配の網をはりめぐらせ、発達したマスメディアの大部分を基本的に握って国民の精神生活に影響力を行使しているからです。対日支配を続けようとするアメリカの支配勢力も必死になって妨害するでしょう。

たたかいは、国民の間に深く根をおろし、全国いたるところで活動し、統一した方針と意思のもとに活動する強大な共産党と、その党が一翼をになう統一戦線が国民多数の支持を大きく広げていってこそ、勝利できます。さらに、統一戦線の政府が国の機構の全体をしっかり握り、行政の諸機構を国民の利益を実現する政策の担い手に変えていってこそ、勝利できます。

どんな場合でも、平和的・合法的に社会変革を進めるのが、日本共産党の確固たる立場です。

行政の諸機構が新しい国民的な諸政策の担い手となる

政府（内閣）は国家の頭部にあたり、実際の政策は膨大な官僚集団からなる行政機構が執行しています。行政機構は、法律的には政府の指揮下におかれていますが、独自のかなり大きな権限をもっています。そして、アメリカや財界・大企業と無数の糸によって独自の結びつきをもっています。官僚集団は、長い間に蓄積された力量を発揮して、政府の政策決定や政策執行を自分たちの都合のよい方向にゆがめたりもします。

ですから、民主連合政府を樹立したとき、この行政機構を国民のために動かして国民のための諸政策を実行させるには、民主連合政府を支持し、新しい国民的な諸政策を実現する力としての労働者階級の支えが必要となるでしょう。そして、官僚機構と財界・大企業とのさまざまな結びつきの糸を断ち切り、行政機構の大規模な改造を行う大きな仕事が必要となるでしょう。それは、特権的官僚集団やその背後にいる財界・大企業との一大闘争でもあります。

また、国の機構には自衛隊や警察などいわゆる「強力装置」もふくまれており、これらの機構の民主的改革が求められます。こうした改革が実現してはじめて、「行政の諸機構が新しい国民的な諸政策の担い手となる」のです。

日本国民の歴史の根本的な転換点

民主連合政府による民主主義革命の実現は、日本国民の歴史の根本的な転換点となります。対米従属国家から独立・主権の国家への転換、財界主役の政治から国民主役の政治への転換によって、日本国民は真の主権を回復すると同時に、国内的にもはじめて「国の主人公」となります。日本国憲法に書かれている「国民主権」が現実になります。これまでの日本の歴史では、国民はおよそ「主人公」とはいえない地位に置かれてきましたから、これは、まさに歴史の根本的な転換点です。

国民が「国の主人公」になるというのは、政治と社会のしくみが変わるということだけではありません。国民自身が、さまざまな困難を乗り越えて、民主主義革命をみずからの力で実行することによって、主権者としての自覚・認識を前進させ、成長し、力量をつけていくことになります。そういう意味でも、国民が主人公になるのです。

これまで日本は、イギリス、フランス、アメリカ、ロシアなどのように、広範な民衆が文字どおり「主人公」になって革命を起こし、社会変革をすすめた歴史をもっていません。民主主義革命を遂行することは、国民自身が、巨大な政治的経験を積み、未来社会へと日本社会をさらに発展させる主体的な力を築くものともなるでしょう。

五、社会主義・共産主義の社会をめざして

生産手段

人間が生産活動をするうえで必要となる物的諸要素の全体。人間が、自然に働きかけて加工し新しい財貨を生む生産活動を「労働」といい、働きかける対象の素材である原料（天然の素材に労働が加わったもの）や材料などを「労働対象」、機械や道具、工場や倉庫などの建物、土地、さまざまな装置、容器など、対象を加工するための諸用具を「労働手段」といいます。この労働対象と労働手段をあわせて、生産手段と呼びます。『資本論』には、「全過程を、その結果の、すなわち生産物の立場から考察すれば、労働手段と労働対象の両者は生産手段として、労働そのものは生産的労働として現われる」と書かれています（新版『資本論』②三一五～三一六ページ）。

生産手段を誰が所有しているかによって、その社会の土台をなす経済の型＝生産関係の基本的性格が決まります。原始の共同体社会では、人間と生産手段は不可分に結びついていました。この結びつきが断ち切られ、生産手段が支配階級のものになったのが、搾取社会の始まりです。

資本主義においては、資本家階級が生産手段を所有していることによって、労働者階級を搾取する条件がつくられています。生産活動の生産物はすべて、生産手段を持っている資本家の所有物となり、資本家はその生産物を売って、そこから自分のための利潤（剰余価値）を手に入れます。資本家階級が所有する主要な生産手段を、生産者を中心とした社会の所有・管理・運営に移すことが、社会主義的変革の中心的な内容です。これによって、人間による人間の搾取をなくし、社会のすべての構成員の人間的発達を保障する土台をつくることができます。

生産手段の社会化

生産手段の所有・管理・運営を、生産者の集団、社会の手に移すことを「生産手段の社会化」といいます。生産手段の社会化は、社会主義的変革の中心的内容です。

資本主義のもとで生産手段は、個人事業にせよ法人にせよ、私的な所有者、資本家の手に握られており、その結果、生産物も個々の資本家のものになります。そこから、資本の利潤をひたすら増やすことが生産の推進力――目的、動機となる「利潤第一主義」が生まれ、それがさまざまな社会悪をつくりだしています。

現在の日本では、生産手段は少数の大資本の手に集中しています。貧富の格差の拡大、地球的規模での環境破壊など、資本主義のもとでの大問題が生まれる根本に、主要な生産手段が資本家階級に独占されているという現実があります。こうした問題を解決するためには、切り離されている生産者と生産手段を結合して、社会が生産手段を所有し、社会の利益のために管理・運営することが求められます。

生産手段の社会化にあたって本質的なことは、生産手段の「所有・管理・運営」という三つの要素のすべてが、社会の手に移る、すなわち〝自分の意志で結合したコミュニティーのものになる〟ことです。マルクスの言葉でいえば、「結合した生産者たち」の集団が主役となって、生産手段を自分たちの共同管理のもとにおくということです。

生産手段の社会化には、国有化や協同組合化など、いろいろな方法、形態がありえますが、今から具体的に決めることはできません。綱領は、将来の日本の情勢や条件に応じて、いちばんふさわしいやり方を、国民多数の合意で選択していくことを展望しています。

そのさい大事なのは、「大企業にたいする民主的規制」を主な政策手段とする資本主義の枠内での民主的改革の成果を生かすことです。この改革で、生産手段の所有は変わらないとしても、たとえば、労働時間の短縮、正社員としての雇用、最低賃金の引き上げ、税金や社会保障の応分の企業負担などで、社会が企業の管理、運営にかかわることになります。そういう改革を国民的に経験することが重要です。そうした過程を経て、企業の所有・管理・運営の具体的なあり方が全体としてどうなるかは、次第に明らかになっていくと考えています。

また、綱領は、生産手段の社会化にあたって、旧ソ連のように、「『国有化』や『集団化』の看板で、生産者を抑圧する官僚専制の体制をつくりあげ」るような誤りを、「絶対に再現させてはならない」とし、生産手段の社会化がどんな形態をとろうが、「生産者が主役という社会主義の原則を踏みはずしてはならない」ことを強調しています。

生活手段については、この社会のあらゆる段階を通じて、私有財産が保障される

綱領は、社会主義的変革における生産手段の社会化の記述の部分で、「社会化の対象となるのは生産手段だけで、生活手段については、この社会の発展のあらゆる段階を通じて、私有財産が保障される」と明記しています。資本主義から社会主義への移行によって、経済活動の目的が、資本家階級の金もうけから、「社会および社会の構成員の物質的精神的な生活の発展」に転換し、人びとが活用できる生活手段は、資本主義の時代に比べて、格段に豊かになるでしょう。

生産手段と生活手段の区別、生活手段を豊かにする展望は、科学的社会主義の創設者であるマルクス、エンゲルスが明確にしていた立場を受け継いでいます。

マルクスは『資本論』で、「共同的生産手段で労働……する自由な人々の連合体」がつくりだす生産物の一部分は、ふたたび「生産手段」として役立てられるが、もう一つの部分は、「生活手段」として、連合体の成員（メンバー）によって彼らのあいだで分配され、消費される（新版『資本論』①一四〇～一四一ページ）と、未来社会での生産手段と生活手段の消費を明確に区別する立場を述べています。また、エンゲルスは、〝マルクスらは、財産を否定して、すべての労働者から彼の労働の果実をとりあげようとしている〟という反共派の攻撃にたいして、国際会議の場で反撃し、「インタナショナル（国際労働者協会）は、個々人に彼自身の労働の果実を保障する個人的な財産を廃止する意図はなく、反対にそれを確立しようと意図しているのである」と演説しています（古典選書『インタナショナル』二〇〇ページ）。

人間的発達を保障する土台

生産手段の社会化を変革の中心にしてつくられる未来社会の最大の特質は、「すべての人間の自由な発展」にあります。マルクス、エンゲルスは、『共産党宣言』のなかで、未来社会の理念として、「各人の自由な発展が万人の自由な発展の条件であるような一つの結合社会」と書きました。これは科学的社会主義が一貫して追求し続けた人間解放の中心的内容です。

綱領は「生産手段の社会化は、人間による人間の搾取を廃止し、すべての人間の生活を向上させ、社会から貧困をなくすとともに、労働時間の抜本的な短縮を可能にし、社会のすべての構成員の人間的発達を保障する土台をつくりだす」と書いています。

生産手段の社会化で、人間による人間の搾取がなくなり、経済活動の推進的動機は、社会および社会の構成員の物質的精神的な生活の発展へと移っていきます。技術革新などによる生産力の発展は、資本主義のもとでの人件費の削減や「人減らし」ではなく、生産者一人ひとりの労働時間の短縮へとつながっていきます。資本主義につきものの膨大なムダや浪費が一掃され、この点からも労働時間は大幅に短縮されます。生産者は、抜本的に短縮された労働時間のなかで、資本家のもうけのためではなく、社会が必要とする物質的生産を支えるとともに、自分自身の能力の発揮のために生産活動を行います。労働が人間的発達の機会としての新しい質を持つようになります。

未来社会において「人間的発達を保障する」もっとも重要な条件は、労働時間の抜本的短縮で、すべての人間が、自由に使える時間を十分に保障されるようになることです。マルクスは人間の生活時間を「必然の国〔領域〕——自分と社会の生活を支えるための労働時間のこと」と、「自由の国〔領域〕——労働から解放されてまったく自由に使える時間のこと」とに区分し、「自由の国」では「人間の力の発達それ自体が目的とされ」、その自由時間が「労働時間の抜本的短縮」を「根本条件」として広がることを明らかにしました（新版『資本論』⑫一四五九〜六〇㌻）。社会のすべての人びとが、新たに広がった自由時間を活用して、自分の能力を全面的に発達させることが可能となり、「人間的発達を保障する土台」がつくりだされるのです。これは、それまでの階級社会にはなかった、新しい条件です。そこから、人間の発展と社会の発展の好循環が生まれていくことでしょう。

綱領は、自由と民主主義の諸制度（次の項参照）にとどまらず、「人間の自由で全面的な発展」に科学的社会主義の「自由」論の核心的な内容があることを、見いだしています。二〇二〇年の一部改定も含めた綱領の全体が、自由についての日本共産党の立場を全面的に表明するものとなっている（第四回中央委員会総会の結語）ことをしっかりとつかみましょう。

利潤第一主義の狭い枠組み

資本主義社会は、それまでの社会形態にくらべて、生産力の巨大な前進、商品生産の爆発的発展をもたらします。しかし、経済の推進的動機が利潤第一主義であることから、資本の金もうけにつながる生産は、全面的に推進されますが、もうけにならなければ、社会的に必要とされているものでも生産されないという限界をもっています。これが「利潤第一主義の狭い枠組み」です。自然環境を破壊する大規模開発や危険な原発の再稼働、過労死を生むような労働者の酷使などの根本にも、利潤第一主義があります。まさに〝目先のもうけになるかならないか〟という狭い基準で生産がすすめられる矛盾です。

未来社会では、搾取を廃止し、「生産と経済の推進力を資本の利潤追求から社会および社会の構成員の物質的精神的な生活の発展」に転換します。そして、利潤第一主義のもと、「後は野となれ、山となれ」とすすめられていた環境破壊や貧富の格差の拡大に対する有効な規制、ムダな生産や浪費の一掃、不況や恐慌などの経済変動を防ぐ経済の計画的な運営など、理性的で合理的な経済活動が実行されます。

未来社会で、こうした経済活動がすすめられることで、「人間社会を支える物質的生産力の新たな飛躍的な発展の条件」が生まれます。

民主主義と自由の成果

民主主義と自由は、資本主義社会のもとで、各国人民のたたかいをつうじて発展してきました。近代民主主義の内容を示した文書として、アメリカの「独立宣言」（一七七六年）や、フランス大革命の「人権宣言」（一七八九年）などが知られています。

日本では戦前、天皇絶対の専制政治下、民主主義と自由がきびしく抑圧されていました。日本共産党は国民主権、国民の自由と人権をかちとるためにたたかい、それは戦後の日本国憲法の民主的諸原則として実を結びました。

戦後七〇年余、日本国憲法が定めた国民主権、基本的人権、議会制民主主義といった民主主義の制度や内容は、さまざまな逆流とたたかいながら、国民の力で発展させられてきました。綱領は、当面の民主主義革命の目標の一つとして、「現行憲法の前文をふくむ全条項をまもり、とくに平和的民主的諸条項の完全実施」を掲げています。

社会主義・共産主義の日本では、こうした民主主義と自由の成果をはじめ、資本主義時代の価値ある成果を全面的に受けつぎます。そして、人間による人間の搾取を廃止し、階級支配がなくなるという未来社会の新しい条件のもとで、民主主義や自由の内容をいっそう発展させ、政治・経済・文化・社会のあらゆる分野で、全面的に実現することを展望しています。

これは、日本共産党の目標、公約にとどまりません。綱領は第一八節で、発達した資本主義国での社会主義的変革に共通する「豊かで壮大な可能性をもった事業」の特徴の一つとして、「自由と民主主義の諸制度と国民のたたかいの歴史的経験」の重要性をあげ、その成果を継承し発展させることが、「社会主義・共産主義への大道」、法則的な道すじであることを明らかにしています。

「民主主義と自由の成果」は「受けつがれ、いっそう発展させられる」という規定には、自由と民主主義についての科学的社会主義の基本的立場がこめられています。科学的社会主義の学説と運動は、人類が生み出したすべての価値ある遺産を正しく受けつぐものです。民主主義と自由の問題でも、近代民主主義のもっとも発展的な継承者、国民の主権と自由の全面的で徹底した擁護者として歴史に登場しました。同時に、搾取制度の廃止による貧困からの経済的・社会的解放にまで前進すること、市民的政治的自由の擁護と拡大、民族の主権の擁護、そして人間の全面的自由を特徴とする共同社会を終局の目標とするものです。

資本主義時代の価値ある成果のすべてが、受けつがれ、いっそう発展

社会主義の原点は、資本主義批判です。同時にそれは、資本主義を全否定するのではなく、資本主義時代につくりだされた価値ある成果のすべてを継承し、より発展させることを基本的立場としています。

綱領は、発達した資本主義国での成果として、高度な生産力、経済を規制・管理するしくみ、国民の生活と権利を守るルール、自由と民主主義の諸制度と国民のたたかいの歴史的経験、人間の豊かな個性——をあげ、それらを「継承し発展させる」ことを明確にしています。発達した資本主義国として、旧ソ連や中国など資本主義の発達が遅れた国などと政治的、経済的、文化的、歴史的にもまったく異なる条件をもつ日本が、将来、社会主義へと前進すれば、これまでにない新しい展望が開けるでしょう。

「価値ある成果」には、思想・信条の自由、言論・出版、集会・結社の自由や、国民主権、普通選挙権や議会制民主主義、三権分立の諸制度など、資本主義の時代に人民のたたかいでかちとられ、豊かにされてきた自由と民主主義の成果が含まれます。アメリカいいなり、大企業優先の自民党政治の古い枠組みを打ち破り、民主的改革をめざす今日のたたかいの蓄積も、未来社会をつくるもっとも重要な土台になるでしょう。

ジェンダー平等をめざすたたかい、長時間労働や一方的解雇の規制など「ルールある経済社会」をめざすたたかい、自然環境を守るたたかいなども、その大切な要素です。綱領は、社会主義日本の民主主義と自由について、「搾取の廃止によって、人間が、ほんとうの意味で、社会の主人公となる道が開かれ、『国民が主人公』という民主主義の理念は、政治・経済・文化・社会の全体にわたって、社会的な現実となる」との展望を示しています。

「搾取の自由」

綱領は、「『搾取の自由』は制限され、改革の前進のなかで廃止をめざす」としています。

搾取とは、生産手段を持つ階級が、直接、生産にたずさわっている階級の労働の成果、生産物を自分たち

のものにすることです。資本主義社会は、資本家階級による労働者階級の搾取を、基本的に「自由」としています。

資本主義時代に到達した近代民主主義は、封建時代の身分的束縛から人びとを解放し、自由や人権を大きく前進させました。しかし、その最大の限界は、何よりも「搾取の自由」を絶対視しているところにあります。この「搾取の自由」の制限と廃止が、人間の生存権の保障をふくむ人間の自由の回復と発展の道であることを発見したところに、科学的社会主義の偉大な功績がありました（一九七六年の第一三回臨時党大会で採択された「自由と民主主義の宣言」から）。

資本主義が前提とする「搾取の自由」は、労働者、国民の全面的な自由の実現を妨げています。労働時間を規制する法律や最低賃金制度などによって、資本主義のもとでも「搾取の自由」を制限することはできますが、搾取そのものをなくすことはできません。搾取を廃止し、階級対立そのものを一掃して、本当の意味での人間の自由と平等を実現することが、社会主義・共産主義の大きな目的です。

反対政党を含む政治活動の自由

綱領は、日本の未来社会では、旧ソ連や中国のような「一党制」ではなく、「反対政党を含む政治活動の自由は厳格に保障される」ことを明確にしています。

綱領第八節では、旧ソ連について、「対外的には、他民族への侵略と抑圧という覇権主義の道、国内的には、国民から自由と民主主義を奪い、勤労人民を抑圧する官僚主義・専制主義の道を進んだ」、「社会主義とは無縁な人間抑圧型の社会」となって「解体を迎えた」としています。「一党制」は、ソ連型の社会において国民を抑圧する体制の要の一つであり、本来の社会主義の姿とはかけはなれたものでした。中国についても、日本共産党第二八回党大会決定で、「革命後もソ連式の『一党制』が導入されるとともに、自由と民主主義を発展させる課題が位置づけられなかった」と、独自の歴史的条件などを指摘しながら、「中国の党は、『社会主義』『共産党』を名乗っていますが、その大国主義・覇権主義、人権侵害の行動は、『社会主義』とは無縁であり、『共産党』の名に値しません」

と規定しています。

綱領は第四章「民主主義革命と民主連合政府」の〔憲法と民主主義の分野で〕のところで、「国会を名実ともに最高機関とする議会制民主主義の体制、反対党を含む複数政党制、選挙で多数を得た政党または政党連合が政権を担当する政権交代制は、当然堅持する」としています。第五章の規定は、この立場を将来の社会主義・共産主義日本においても貫くことを表明したものです。

社会主義・共産主義日本では、多様な意見、要求に対応するさまざまな党が活動するでしょう。社会主義に反対する政党を含めて、すべての政党が自由に活動し、言論の力で国民の支持を競いあうことも当然です。また、選挙で敗北すれば野に下る政権交代制も民主主義の成果として引き継ぎます。

「国定の哲学」

「社会主義」の名のもとに、憲法や国の制度のうえで、特定の政党に特権的地位を与えたり、特定の世界観を特別扱いしないという立場は、日本共産党の一貫した立場です。一九七五年の第一二回党大会七中総決議で宗教問題についての立場を表明したことがあります。そこでは「共産党が科学的社会主義の世界観をもっているからといって、共産党がめざす社会や国家のなかで、それ以外の世界観や哲学の多様な存在を認めないとか、科学的社会主義の世界観を国家のイデオロギーとして社会全体におしつけるなどは、党と国家の混同であって、絶対にあってはならないことである。わが党のめざす社会主義社会にも、共産主義社会にも、いかなる『国定の世界観』もなければ、『官許の哲学』も存在せず、特定の思想や信仰を行政的手段でおしつけたり禁止したりするいかなるイデオロギー的強制も存在しない」と述べています。

スターリン以降の旧ソ連や、中国などでは、国の憲法で政権党を特権化し、「マルクス＝レーニン主義」やその国の指導者の「思想」を〝国家と人民を導く思想〟だと規定してきました。日本共産党綱領は、こうした特定の世界観を国が定める――「国定の哲学」として特別扱いすることを、「日本における社会主義の道とは無縁であり、きびしくしりぞけられる」と明記しています。私たちがめざす未来社会は、この点でも崩壊した旧ソ連の体制や、今日の中国の体制とは根本的に異なるものです。

日本共産党は、現在においても、国家権力による思想や信教の自由などの問題への介入には、絶対に反対です。二〇二〇年九月、菅自公政権は、日本学術会議の会員人事に介入し、会員に推薦された六人の任命を拒否しました。これは政府による学問の自由、言論・思想・良心の自由への侵害であり、全体主義国家への転落の危険をはらむ重大問題です。日本共産党は、党の存在意義をかけて、任命拒否の撤回までたたかいぬく決意を表明しています。日本共産党は、党創立以来、今日においても、また未来社会においても、権力による学問の自由、思想、信条の自由の侵害を許さないことを基本的立場としています。

国家権力そのものが不必要になる社会

綱領は、社会主義・共産主義の高度な発展のなかで、国家権力そのものが不必要になる時代がくるという展望を明らかにしています。

もともと国家は、支配階級が、強制力をともなう権力によって、被支配階級を従わせ、社会の全体を統合するための機関です。国家権力は、人類史のはじめから存在していたものではなく、社会が搾取する階級と搾取される階級――敵対する階級に分裂して以来、奴隷制、封建制、資本主義社会のもとで必要とされてきました。社会主義的変革によって生産手段が社会化され、搾取が廃止されて、階級対立がなくなれば、国家権力は不必要になっていきます。

国家がなくなるということは、社会組織がなくなるということではありません。ルールなき社会、無政府的な社会になることではありません。未来の共同社会では、人間と人間の関係は豊かに発展し、その人間関係を律する社会的ルールは当然、必要です。なくなるのは、その人間関係のなかで、強制力をもって人びとを社会的ルールに従わせる権力的な組織です。

資本主義社会から未来社会への移行の過程＝過渡期では、「国民の合意のもと、一歩一歩の段階的な前進を必要とする長期の過程」を歩み、「国会の安定した過半数を基礎として、社会主義をめざす権力がつくられ」ます。この過程では、社会全体でルールを守るための強制力をもつ国家が、国民多数の支持のもとに存在します。

また、過渡期には、「生産者が主役」の原則に立った未来社会の新しい人間関係、自由な生産者の共同関係をつくりあげることが求められます。それは、階級社会から引き継がれた古い習慣や権益、犯罪、古い思想や考え方を克服していく過程でもあります。その過程では、新しい人間関係を律する社会的ルールを社会全体が守るため、やはり国家が必要になるでしょう。

やがて、共同社会が成熟して、何世代もの世代交代をへて、「搾取や抑圧を知らない世代が多数を占めるようになったとき」（第五章第一六節）、人びとの意識、習慣も変わり、強制力をもつ国家の後ろだてがなくても、社会的ルールが自治的、自覚的に守られる段階へと発展していくでしょう。こうした発展をへて、国家による権力的な介入が不必要となる時代がくるというのが綱領の展望です。

段階的な前進を必要とする長期の過程

社会主義的変革は、社会主義の経済のしくみをつくり、社会全体を変える大事業です。


社会主義をめざす政権を生み出すには、社会主義に向かって進もうという国民多数の合意の形成が必要です。その合意が、選挙を通じて国会に反映し、社会主義をめざす勢力が国会で安定した過半数の議席を占める情勢になって、はじめてつくりだされます。

この政権は、主要な生産手段の所有・管理・運営を社会の手に移す生産手段の社会化を推進します。労働時間を抜本的に短縮し、経済の計画的な運営によって不況を取り除き、環境破壊や社会的格差の拡大への有効な規制をすすめます。その改革の一つひとつは、国会を通じて予算や法律をつくり、具体化していくことになります。そこでは、改革をすすめる統一戦線勢力と、それを押しとどめようとする諸党派、諸勢力との政治闘争、論争があるでしょう。また、議会での多数の支持を得ることにとどまらず、それらの改革が実際に国民の生活と経済発展にとって有効性を発揮しているかどうか、実地での国民の点検、検証を受けながら進むことになるでしょう。

未来社会の基礎となる新しい生産組織で、「生産者が主役」という原則にたった新しい社会関係をつくりだすことには、長期にわたる粘り強い努力が必要です。そこでは、階級対立や闘争がなくなっても、階級社会から引き継がれた古い習慣や権益、階級的利己心などの克服が課題となります。マルクスは、これを「奴隷制のかせ」（「フランスにおける内乱　草稿」、マルクス、エンゲルス全集⑰五一七ページ）からの解放と位置づけ、この過程をへなければ、労働者が本当に自由で対等な立場で共同しあう生産組織はつくれないと考えていました。

　このように、社会主義的変革を開始し、新しい社会を建設していく過程は、国民の合意を基礎に、「一歩一歩の段階的な前進」をはかる「長期の過程」となるでしょう。

すべての段階で、国民の合意が前提

　これは、社会主義的変革に踏み出すにあたっても、社会主義的な改革の一つひとつに着手し推進するにあたっても、そのすべての段階で、世論の支持、国民多数の合意を得て前進するということです。そのために、統一戦線の方針を堅持し、合意した政策を選挙公約とし、国民の審判を受け、「国会の安定した過半数」の賛同を得て実現する立場をつらぬきます。

　社会主義的変革の出発点は、社会主義をめざす政権を生みだすことです。この政権は、社会主義に向かって進もうという国民多数の合意ができ、その合意が選挙を通じて国会に反映し、社会主義をめざす政治勢力が国会で安定した過半数の議席を占める――こういう情勢になってはじめて樹立されます。この政権が、「生産手段の社会化」を中心とした長期にわたる社会主義建設にとりくみますが、その一つひとつの過程を、世論の支持、議会の多数の合意を得て進めていきます。これは「国民が主人公」という民主主義の理念が全面化する新しい社会をつくるうえで、当然の方向です。

　「いったん日本共産党と政権をともにしたら、エスカレーターのように先ざきまで連れていかれるのでは？」との心配があるかもしれません。しかし、私たちの進み方は、「エスカレーター」でなく、いわば「階段」です。その階段を一つ上にのぼるときに、必ず選挙で国民多数の合意を得る、もし多数の合意ができなければ、合意ができるまでその場にとどまり、民主的討議をつくして、情勢が成熟するのを待つのが私たちの立場です。

生産者が主役という社会主義の原則

科学的社会主義が展望する未来社会は、他人に雇われ、他人の利潤のために働くという雇用関係、搾取関係がなくなり、生産活動の現場を担う人びとが主人公になる社会です。生産者は、自由な存在として、自分たちの意思で自覚的に共同し、生産手段は、この生産者の集団によって、共同で所有・管理・運営されます。そして、利潤追求ではなく、社会と人間生活の発展を推進力に、社会や地球の全体的・長期的利益を考えた計画的で合理的な経済運営がすすめられます。

マルクスは、生産者を主役とした未来社会の姿を、「共同的生産手段で労働し自分たちの多くの個人的労働力を自覚的に一つの社会的労働力として支出する自由な人々の連合体」（新版『資本論』①一四〇ページ）と描いています。

旧ソ連では、「国有化」や「集団化」の看板のもとで、直接、生産にたずさわる人びとを、経済の管理・運営から排除し、「生産者を抑圧する官僚専制の体制」（綱領）に変質してしまいました。これは、マルクスが示した「生産者が主役」という科学的社会主義の原則とはまったく相いれないものです。

綱領は、日本の未来社会における生産手段の社会化は、「多様な形態をとりうる」としたうえで、どんな場合でも、「生産者が主役という社会主義の原則を踏みはずしてはならない」こと、「旧ソ連の誤りは、絶対に再現させてはならない」ことを強調しています。

市場経済を通じて社会主義に進む

「生産手段の社会化」が進むと、経済のあり方が変わり、社会や地球の全体的な利益を考えた経済の計画的・合理的な運営が可能になります（綱領第一六節）。そこに向かう過程において、「市場経済を通じて社会主義に進む」という方針をとる（第一七節）ということです。

その過程では、市場経済の効用——商品が自由に売買され、品質や価格、デザイン、使いやすさや安全性などで競争しながら、生産者・販売者と消費者を結びつける、需要と供給の調整などといった役割——を生かしつつ、市場経済の弱点――弱肉強食の激しい競争、景気の変動に左右される、社会的格差を拡大する、などの問題――を規制、克服していきながら、長期にわたって社会主義建設をすすめていくことになります。

綱領第一七節では、社会のすみずみまで市場経済がゆきわたっている日本では、この方針が「法則的な発展方向である」と述べています。そのうえで、改革を円滑に進めるにあたって、①「計画性と市場経済とを結合させた弾力的で効率的な経済運営」をはかる、②「農漁業・中小商工業など私的な発意の尊重などの努力と探究」を重視する、③「統制経済」の全面的な否定、を明記しています。

「市場経済を通じて社会主義に」という方針は、人類が経験したことのない道であり、今からその過程を具体的に描くことはできません。ただ、私たちは、民主主義革命の段階で、大企業への民主的規制を手段とした「ルールある経済社会」づくりを進めていきます。大企業の横暴は規制され、格差の拡大や環境破壊なども是正・緩和されます。その到達のうえに社会主義的変革が実行されるのですから、市場経済をめぐる条件は、利潤第一主義がまかりとおっている時代とはまったく異なる新しいものになります。

民主主義革命の段階で蓄積された国民的経験、「ルールある経済社会」の到達を継承し、さらにそれを発展させる立場で、市場経済の効用を生かしながら、「計画性と市場経済とを結合させた弾力的で効率的な経済運営」が実行され、社会主義への道が進められていくでしょう。

農漁業・中小商工業など私的な発意の尊重

「市場経済を通じて社会主義に」という方針の重要な部分が、「農漁業・中小商工業など私的な発意の尊重」です。

農漁業者や中小商工業者、中小企業家の多くは、小規模でも自分の生産手段を所有し、生産と経営を独立して行っています。綱領のこの規定は、生産手段の社会化を中心とする社会主義的変革にあたって、農業や漁業を生業《なりわい》にする人びとや中小商工業者、企業家が所有する生産手段を強制的に国有にしたり、本人の意思に反して強引に集団化するのではなく、これらの人たちの自発性を尊重し、その意思を最優先する方針を明記したものです。

こうした方針は、マルクス、エンゲルスの探究を今日的に発展させたものです。マルクス、エンゲルスは、農村で多数者の獲得をめざす活動にどう取り組むべきかを探究しました。その到達点として、エンゲルスは、「フランスとドイツにおける農民問題」（マルクス、エンゲルス全集㉒に収録）で、フランスなどで社会主義的変革にあたり小規模な生産手段を持つ人びと（「小農」）にたいしては、個々に所有する生産手段を「協同組合的なものに移行させる」ことを提起しました。しかしそのさい、「力づくではなく、実例とそのための社会的援助の提供」で、そうした移行が有利なことを農民に理解してもらうことが大事だと強調しています。

「私的な発意の尊重」とは、〝個人経営ならでは、中小企業ならでは〟の創意と工夫の発揮を大事にするという意味でもあります。今日の日本では、町工場が開発した独自の技術が、最先端機器に生かされたり、農漁業の分野でも、産地ならではの特産品や新商品の開発で消費者のニーズに応えるなど、小規模生産独自の特性が注目されています。そうした創意、工夫や特性は、未来社会でも大いに生かされ、尊重されます。私たちは、当面の改革においても農業を「基幹的な生産部門」、中小企業を「日本経済の主役」と位置づけていますが、この立場を将来にわたってつらぬきます。

「統制経済」

「統制経済」とは、国家権力の強権、命令によって、生産、分配、消費を統制する経済のあり方のことです。この用語は、もともと歴史的には、資本主義国家が、戦争という特別の異常な情勢のもとで、経済のあらゆる分野に強権的に介入し、物価統制、賃金統制を行い、「配給制度」の実施で国民の消費物資の分配まで統制した体制を指して、使われ始めたものです。

綱領は、社会主義日本で「国民の消費生活を統制したり画一化したりするいわゆる『統制経済』」は「全面的に否定」されるとの立場を明確にしています。一九七六年の「自由と民主主義の宣言」では、旧ソ連で、あたかも戦時下の「統制経済」のような体制が長期に維持され、国民の消費生活の自由、商品選択の自由も奪ってきた事態をきっぱりと批判し、旧ソ連のような体制を絶対に再現させてはならないとの立場を宣言しました。旧ソ連では、「計画経済」の名のもとに、専制的な命令による生産体制がすみずみにまでつらぬかれていました。そのため、国民が必要とする製品、人びとの嗜好《しこう》や個性に応える多様な製品づくりなどを度外視した生産が進められ、商品は画一的となり、人びとの選択の自由は抑圧されていたのです。

綱領が明記している大原則、「市場経済を通じて社会主義に」の方針——「計画性と市場経済とを結合させた弾力的で効率的な経済運営」、「農漁業・中小商工業など私的な発意の尊重などの努力と探究」などは、こうした「統制経済」の再現を許さない体制的な保障となるものです。

発達した資本主義国での社会主義的変革は、特別の困難性をもつ

ここでいう「特別の困難性」とは、「発達した資本主義国において、多数者革命を『開始する』こととの困難性——日本の場合で言えば、国民の多数の合意のもとにまず民主主義革命を実現し、さらに国民の多数の合意で社会主義的変革にすすむうえでの困難性」（第二八回党大会での綱領一部改定案についての中央委員会報告）ということです。

発達した資本主義国では、支配勢力がその巨大な経済力と結びついた支配の緻密な網の目を都市でも農村でも張り巡らし、国民多数が現体制を支持するように仕向け、逆に現体制に批判的で、改革を求める主張や運動が広がることを妨害しています。そのため、資本主義体制を変革して社会主義をめざす立場を国民多数の合意にして、変革の事業を開始するには独特の困難がともない、妨害を打ち破るたたかいが必要です。

たとえば、日本をはじめとした発達した資本主義国では、テレビや新聞、雑誌などが国民の間に広く普及し、その意識動向に大きな影響を与えています。そうしたマスメディアの経営は巨大資本に握られ、ニュース報道や番組、記事の内容は、資本の都合に大きくコントロールされています。この間、日本では、政府が報道番組の内容に圧力をかけたり、ニュースキャスターの人事に介入したり、マスメディア幹部と政権が癒着し、メディアの側が政府の方針に有利な報道を意

図的に流すといった事態が起きています。

その一方で、民主勢力の運動や日本共産党の活動を伝える報道や記事は少なく、事実をねじ曲げ、誤った認識や誤解を与えるような内容も見られます。私たちが日々経験しているところです。これらが国民の精神生活に多大な影響力を及ぼしています。

このような発達した資本主義国特有の条件のもとで、社会変革の事業を開始することは特別の困難がともないます。それを打開するには、強大な日本共産党を建設し、日本共産党が一翼を占める統一戦線を実現することが不可欠です。

（発達した資本主義国での社会主義的変革は）豊かで壮大な可能性をもった事業

資本主義が発達する過程で、その胎内には、新しい社会の土台となる客観的条件、主体的条件が成熟していきます。これは、もともとマルクスの『資本論』の解明につらぬかれている見方です。発達した資本主義国での社会変革と新社会の建設は、資本主義時代につくりあげられた客観的、主体的条件を生かし、その成果を継承・発展させることで、これまでにない豊かな発展の可能性があります。

綱領は、資本主義の発展が生み出し、未来社会に継承される成果として、「五つの要素」（①高度な生産力、②経済を社会的に規制・管理するしくみ、③国民の生活と権利を守るルール、④自由と民主主義の諸制度と国民のたたかいの歴史的経験、⑤人間の豊かな個性）をあげています。

資本主義は、これまで人類が経験したことのない巨大な生産力をつくりだします。発達した経済管理のしくみ（信用制度など）をつくりだします。しかし、その成果は、資本家階級のもうけのために使われ、格差と貧困の拡大、資源の浪費や膨大なムダを生み出し、地球環境の破壊をも引き起こします。

生産手段を社会化し、搾取をなくした未来社会では、資本主義時代に生み出された巨大な生産力を、社会全体の生活水準向上のために活用します。発達した経済管理のしくみを生かして、計画的で効率的な経済運営で浪費をなくし、環境破壊や社会的格差の拡大を規制します。生産力を、量的な面だけでなく、より理性的、人間的な質的な面でも豊かにしながら、自然環境と調和させつつ発展させることで、労働時間の抜本的短縮を実現し、人間の全面的な発達の条件をつくることにもつながっていきます。

また、資本主義時代には、人民のたたかいによって、国民主権や基本的人権、議会制民主主義など自由と民主主義の諸制度がつくられていきます。未来社会では、そうした進歩的成果を全面的に継承し、さらに発展させます。旧ソ連や中国での革命は、人権の保障や議会など民主的な制度が十分保障されていない遅れた条件のもとでおこりました。自由や民主主義の思想や経験が、社会と国民のなかに十分根づいていなかったことが、その前途に重大な困難をつくりだす要因の一つになりました。

日本では、戦後七〇年以上、日本国憲法を守り、自由や民主主義の諸制度を発展させてきた国民のたたかいの蓄積があります。民主主義革命を進めるなかで、その蓄積はいっそう豊かにされていくでしょう。

こうした「五つの要素」を継承・発展させ、国民の合意にもとづいて未来社会を建設していくことで、旧ソ連や中国の経験とはまったく異なる、自由と民主主義が豊かに花開く社会が生まれるでしょう。

発達した資本主義国での社会変革は、社会主義・共産主義への大道

ここでいう「大道」とは、一般的・普遍的な道、という意味です（第二八回党大会決定のパンフレット七五㌻）。すなわち、社会主義・共産主義への変革は、発達した資本主義国で起こることが通例であることを示しています。

改定綱領がこの命題を押し出したのには、二つの理由があります。

一つは、資本主義の発展は、その矛盾を限りなく大きくすると同時に、それを解決するために必要な客観的条件と、変革を実際におしすすめる主体的条件を、その胎内で成熟させていくということです。

改定綱領は、その条件を「五つの要素」に整理しています。なかでも、「高度な生産力」や「経済を社会的に規制・管理するしくみ」は、資本主義の発展が必然的につくりだす客観的条件であり、「国民の生活と権利を守るルール」「自由と民主主義の諸制度と国民のたたかいの歴史的経験」「人間の豊かな個性」は、

人民のたたかいでつくりあげられ、変革の主体的条件を成熟させます。こうした諸条件を力にして、社会主義的変革を進め、未来社会の建設を、よりスムーズに、合理的に進めることができるのです。

もう一つの理由は、ロシア革命以降の世界の歴史の経験を踏まえてのことです。

ロシア革命、中国革命とも、資本主義の発展がむしろ遅れた国で起こりました。そのため「五つの要素」のように、社会主義の土台になるような条件が、革命の出発点では未成熟であり、新たにつくりださなければならないという困難に直面しました。しかも、旧ソ連や中国では、指導部が社会主義の原則から大きく逸脱し、こうした困難を克服するどころか、国内的には自由や民主主義を抑圧し、対外的には大国主義・覇権主義という、社会主義とかけはなれた国づくりに変質してしまったのです。

資本主義の発展の遅れた国での今後の社会主義的変革の可能性を否定するわけではありません。しかし、社会主義への前進という角度から見ると、その変革過程には、独特の困難がともなうでしょう。

マルクス、エンゲルスは、社会主義革命を展望したとき、この革命は、当時の世界で資本主義が最も進んだ国——イギリス、ドイツ、フランスから始まるだろうと予想し、どこから始まるにせよ、当時の世界資本主義で支配的地位を占めていたイギリスでの革命が決定的な意義をもつことを強調しました。それは当時、イギリスが、資本主義の発展がつくりだす社会主義革命への客観的条件と主体的条件が最も成熟していたこと、さらに「世界市場の支配」という地位が、全世界的な作用を及ぼす意義をもっていたからでした。

また彼らは、発達した資本主義国での社会主義革命は、巨大な力をもち、他の国ぐにの「模範」となるとともに、他国にたいして、社会主義的変革の実行を押しつけてはならず、そんなことをすれば自国の革命も台無しになる、と戒めていました。

「大道」論は、こうした科学的社会主義の理論を引き継ぎ、この間の歴史的実践を踏まえたものです。

日本共産党
改定綱領の用語解説

2022年１月12日　初　版
2022年１月26日　第２刷

編　者『月刊学習』編集部
発　行　日本共産党中央委員会出版局
〒151-8586　東京都渋谷区千駄ヶ谷4-26-7
TEL 03-3470-9636 / Email:book@jcp.or.jp
http://www.jcp.or.jp
振替口座番号 00120-3-21096
印刷・製本　株式会社 光陽メディア

ISBN978-4-530-01703-5　C0031　Printed in Japan